Tobias Michaelis, Wilhelm Schmeisser

Rating und Basel III

Tobias Michaelis
Wilhelm Schmeisser

Rating und Basel III

Kreditzinsen nach dem Verursacherprinzip

UVK Verlagsgesellschaft mbH
Konstanz und München

Bibliografische Information der Deutschen Bibliothek
Die Deutsche Bibliothek verzeichnet diese Publikation in der Deutschen Nationalbibliografie; detaillierte bibliografische Daten sind im Internet über <http://dnb.ddb.de> abrufbar.

ISBN 978-3-86764-692-5 (Print)
ISBN 978-3-7398-0060-8 (E-PUB)
ISBN 978-3-7398-0061-5 (E-PDF)

Einbandgestaltung: Susanne Fuellhaas, Konstanz
Einbandmotiv: © fotolia.com, Torbz

UVK Verlagsgesellschaft mbH
Schützenstraße 24 · 78462 Konstanz
Tel. 07531-9053-0 · Fax 07531-9053-98
www.uvk.de

Vorwort

Die Bepreisung von Kreditrisiken sollte möglichst risikoadäquat erfolgen. Diese These ist weitgehend unumstritten und der Grundgedanke dabei ist das Verursacherprinzip. Dieses besagt, dass die Kosten einer wirtschaftlichen Aktivität von demjenigen zu tragen sind, der sie verursacht hat. Insofern muss der Kreditnehmer die durch ihn später anfallenden Kosten des Ausfalls (Insolvenz) selbst getragen werden. Diese spiegeln sich wiederum durch eine an sein Risiko angepasste Prämie wider.

Jedoch tritt bei einer bonitätsunabhängigen Kreditkondition das Phänomen der Quersubventionierung auf. Das bedeutet, dass die Kunden mit guter Bonität einen zu hohen Preis (Zinssatz) zahlen, während Kreditkunden mit schlechter Bonität einen zu niedrigen Preis (Zins) zahlen.

Dieses Rating (Basel III) zu beschreiben, zu erklären, zu analysieren und den Zins „objektiv" zu kalkulieren ist Ziel des Buches.

Wir danken Herrn Dr. Jürgen Schechler, dass er es uns ermöglicht hat, mit Rat und Tat das Buch „Rating" zu schreiben.

Berlin und Nürnberg, März 2016

Die Verfasser

Inhaltsverzeichnis

1 Risiken im Firmenkreditgeschäft

1.1 Problemstellung des Ratings

Das Kreditgeschäft der Kreditinstitute[1] hat traditionell eine überragende Bedeutung für die Entwicklung eines Kreditinstituts, ist aber auch eine der kritischsten Quellen bankgeschäftlicher Risiken. In den achtziger und neunziger Jahren des letzten Jahrhunderts wurden möglichst hohe Kreditvolumina zur Maximierung der Erträge angestrebt, denn das Kreditgeschäft liefert traditionell die höchsten Erlöse. Jedoch hat sich im letzten Jahrzehnt die Analyse und Steuerung von Kreditrisiken zur Minimierung der Verluste zu einem bedeutenden Thema entwickelt. Denn mit den ausgebauten Kreditpositionen der Banken weiten sich die Risiken immens aus. Aus den überhöhten Kreditrisiken resultierten hohe Wertberichtungen und Verluste der Banken, die nicht nur die Existenz der Kreditinstitute, sondern auch Krisen ganzer Banken (wie zurzeit die Deutsche Bank) Bankensysteme (europäisches Bankensystem) oder sogar zu weltweiten Finanzkrisen führen kann.

Gerade in Zeiten von geringen Gewinnmargen sowohl im Aktivgeschäft[2] als auch im Passivgeschäft[3] von Kreditinstitute, die u.a. durch das sukzessive Absinken des Leitzinses weltweit, aber auch in der Eurozone hervorgerufen wurden, entwickelt sich das Kreditgeschäft zu einer ernsthaften Bedrohung für Kreditinstitute in Europa und in Deutschland. Insofern haben sich die Margen bei der Kreditvergabe seit

---

[1] Der Begriff Bank und Kreditinstitut wird im Rahmen dieses Buches synonym für jegliche Institute gemäß § 1 Absatz 1 KWG verwendet

[2] Beschreibt das Kreditgeschäft

[3] Beschreibt das Einlagengeschäft der Kreditinstitute

Beginn der Finanzkrise im Jahre 2008 erheblich verringert. Dieser Trend wird auch in der Abbildung 1 sichtbar. Gleichwohl hindern die verschärften Eigenkapitalregeln im Zuge von Basel III den Weg zu risikoreicheren Investments mit besserem Ertrag. Dieses Manko versuchen Kreditinstitute durch Tochterunternehmen, die sogenannten Schattenbanken, zu umgehen.

Zusätzlich erhöhte Anforderungen an die Qualität des Eigenkapitals nach Basel III, neue Liquiditätsstandards und eine Verschuldungsobergrenze schränken zukünftig die insgesamt verfügbare Kreditmenge zusätzlich ein. Die Kreditinstitute arbeiten derzeit mit hoher Priorität an der Umsetzung dieser regulatorischen Auflagen. Gleichwohl werden den Instituten hohe Berichtspflichten auferlegt, die hohe Investitionskosten verursachen. Da die Umsetzung der regulatorischen Pflichten jedoch keinen zusätzlichen Ertrag abwirft und nicht zur weiteren Entwicklung des Geschäftsmodells beiträgt, wird sich dieser Prozess negativ auf die Margen im Kreditgeschäft auswirken[4].

Doch die externen Einflüsse sind nicht die einzigen Gründe, die zu Krisen von Banken führen. Insbesondere interne Faktoren nehmen dabei eine besondere Stellung ein. Insofern ist es elementar erforderlich, dass Kreditinstitute ein funktionierendes Risikomanagement aufweisen, damit Risiken ausreichend analysiert und revolvierend in unterschiedlichen Zeitabständen überprüft werden.

[4] Vgl. Risiko-Manager [Risikobewusstsein, 2013], S. 2.

Abb. 1: Zinserträge der Banken in Deutschland
Quelle: Entnommen aus Deutsche Bundesbank [Zinserträge, 2014]

Diese Problematik wurde von aufsichtsrechtlicher Seite erkannt und somit der Notwendigkeit einer angemessenen Einschätzung und Klassifizierung des Kreditrisikos ein deutlich höheres Gewicht beigemessen. Mit Einführung der Mindestanforderungen an das Betreiben von Kreditgeschäften (MaK), die inzwischen in den Mindestanforderungen an das Risikomanagement (MaRisk) aufgegangen sind, wurde das erste verbindliche Signal in diese Richtung gegeben[5].

Die Gefahr des Kreditausfalls ist einer der ältesten finanzwirtschaftlichen Risiken. Bedingt durch die zu Beginn beschriebene Entwicklung im Bankenumfeld ist das Kreditrisiko nicht nur in den Fokus der Kreditinstitute, sondern auch der Aufsichtsbehörden gerückt. Deshalb stellt dieses Buch im Vorfeld die Anforderungen an das Kreditgeschäft der Kreditinstitute (Basel II, Basel III und MaRisk) vor.

---

[5] Vgl. Breitenbach, G./Martin, M./Nolte, T. [Rating-Systeme, 2007], S. 12.

Der Fokus hingegen liegt auf das bei der Kreditvergabe verbundene Bonitätsrisiko. Das Buch erläutert, inwieweit entsprechende Auswirkungen von Basel III auf die Systeme der Risikoanalyse- und Steuerung zu erwarten sind. Das zentrale Ziel des Buches ist die Beantwortung der Frage, mit welchem Verfahren ein Kreditinstitut die Bonitätsrisiken im Kreditgeschäft möglichst genau identifizieren bzw. quantifizieren kann. Darauf aufbauend wird untersucht, wie die identifizierten und quantifizierten Risiken angemessen im Kreditzins in Form einer risikoadjustierten Kreditkondition abgebildet werden können.

Als Einführung erläutert das *zweite Kapitel* den Risikobegriff und die Risiken im Bankbetrieb. Dabei wird das Kreditrisiko differenzierter betrachtet. Weiterhin wird auf den Risikomanagementprozess eingegangen. Letztlich beschäftigt sich das Kapitel mit den aufsichtsrechtlichen Anforderungen nach Basel II und III einschließlich der drei Säulen, sowie die Ansätze zur differenzierten Erfassung von Kreditrisiken.

Das *dritte Kapitel* beinhaltet die Identifizierung, Messung und Quantifizierung des Bonitätsrisikos. Es werden Bonitätsanalyseverfahren vorgestellt und hinsichtlich ihrer Eignung zur Berechnung eines risikoadjustierten Kreditzinses beurteilt. Dabei kommt dem Rating eine besondere Bedeutung zu.

Im darauf folgenden *vierten Kapitel* werden Ansätze zur Kalkulation des Bonitätsrisikos im Kreditzins erörtert. Nach einer ausführlichen Betrachtung und Erklärung der einzelnen Komponenten des Kreditzinses veranschaulicht eine Beispielrechnung die Auswirkungen der Bonität eines Kreditnehmers auf den Kreditzins. Gleichwohl werden die gewonnen Ergebnisse nach Basel II und III vergleichend gegenübergestellt.

1.2 Abgrenzung Basel III zur Gesamtbanksteuerung

Das Hauptaugenmerk liegt auf die Untersuchung der einzelkreditnehmerbezogenen Bonitätsrisiken. Neben diesen Risiken nehmen Portfoliobetrachtungen in der Praxis zweifelsohne einen hohen Stellenwert ein, die im Hinblick auf die Gesamtbanksteuerung essentielle Bestandteile in einem Kreditinstitut sind.

Aufgrund der Tatsache, dass Portfoliobetrachtungen eine hohe Komplexität aufweisen und den Umfang des Buches erweitern würden, wird dieses Thema ausgeklammert.

Gleichwohl liegt der Schwerpunkt auf die mit einer Kreditvergabe an Unternehmen verbundenen Risiken einer Bank, da diese auf einen Großteil der Kreditportfolien in Banken entfällt. Zudem sind Unternehmen in hohem Maße von Krediten abhängig. Insofern sind sie sehr stark von den gesetzlichen Neuerungen im Kreditgeschäft betroffen.

2 Kreditgeschäft der Banken

2.1 Terminologische Grundlagen zum Risiko

Eine Definition des Risikobegriffs bildet den Ausgangspunkt für einen einheitlichen Umgang mit Risiken. Allerdings findet man weder in der Theorie noch in der Unternehmenspraxis eine einheitliche Definition für den Begriff des Risikos.[6] „Das Wort Risiko leitet sich vom frühitalienischen *risicare* ab, das wagen bedeutet".[7]

Gleichwohl bezeichnet eine relativ häufig gebrauchte Terminologie. dass ein Risiko eine mögliche Abweichung um einen zukünftigen, mit bestimmter Wahrscheinlichkeit eintretenden Ereignisses/Erwartungswertes (oder Kennzahlenwertes) von einem ursprünglich erwarteten Ereignis (oder geplanten Kennzahlenwert) sei. Dabei wird nicht nur die negative, sondern auch die positive Abweichung vom Erwartungswert als Risiko verstanden. Diese Begriffsbestimmung zeichnet sich durch einen ambivalenten Charakter des Risikobegriffs aus.[8]

Diese dichotome Auslegung, bei der vom Risiko im weiteren Sinne gesprochen wird, zeigt, dass eine Verfehlung des festgelegten Zieles einerseits eine negative Abweichung im Sinne einer Gefahr bedeuten, anderseits aber durchaus auch eine positive Abweichung als Chance denkbar sein kann.[9] Als Risiko (im eigentlichen Sinn) oder Verlustmöglichkeit wird eine negative Abweichung verstanden. Die nachfolgende Abbildung 2 verdeutlicht diese Aussage:

---

[6] Vgl. Diederichs, M. [Risikomanagement, 2012], S. 8.

[7] Wolke, T. [Risikomanagement, 2008], S. 1.

[8] Vgl. Diederichs, M. [Risikomanagement, 2012], S. 8.

[9] Vgl. Schulte, M./Horsch, A. [Banksteuerung, 2002], S. 14.

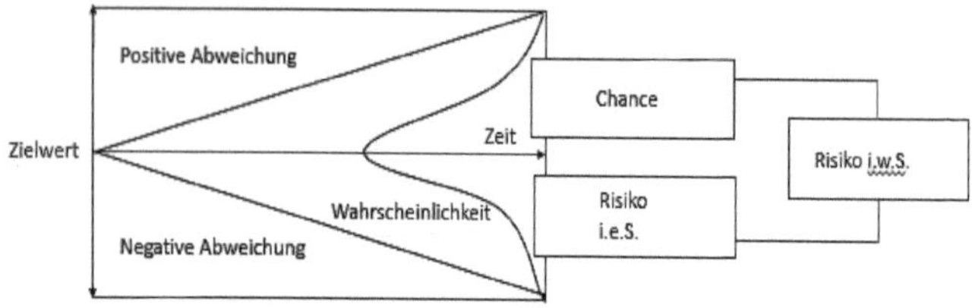

Abb. 2: Dichotome Begriffsdefinition des Risikos
Quelle: Entnommen aus Romeike, F. [Integriertes Risk Controlling, 2006], S. 432.

Der Begriff des Risikos wird im Weiteren wie folgt definiert:

Aufgrund von unvollkommenen Informationen und der Unsicherheit über die zukünftigen Entwicklungen bezeichnet das Risiko die Gefahr einer negativen Zielverfehlung.

Das Hauptaugenmerk des Risikos liegt auf einer negativen Abweichung zum Zielwert. Man spricht dabei auch vom Risiko im engeren Sinne (Verlustmöglichkeit).[10]

2.2 Bankbetriebliche Risiken

Analog zur Definition zum allgemeinen Risiko sind in der wissenschaftlichen Literatur bei der Systematisierung bankbetrieblicher Risiken unterschiedliche Ansätze zu finden. Die in Abbildung 3 gewählte Einteilung des Gesamtbankrisikos lehnt sich an die Einteilung des Baseler Ausschusses für Bankenaufsicht hinsichtlich der Unterlegung der Risiken mit Eigenkapital an und ist für die weiteren Ausführungen maßgebend. Aufgrund der Tatsache, dass das Liquiditätsrisiko offenkundig kein zu vernachlässigendes Risiko darstellt, wurde es noch mit aufgenommen.

---

[10] Vgl. Schmeisser, W./Mauksch, C. [Finanzwirtschaft, 2005], S. 7.

Das Gesamtbankrisiko muss für die Gesamtbanksteuerung in steuerungsrelevante Teilbereiche unterteilt werden, sodass auf der obersten Ebene eine Trennung von Finanzrisiken und operationellen Risiken erforderlich ist. Die Finanzrisiken werden in Liquiditäts-, Kredit- und Marktpreisrisiken unterschieden. Den Marktpreisrisiken werden letztlich

- Aktienkurs-,
- Zinsänderungs-,
- Währungs- und
- Rohstoffpreisrisiken

zugeordnet.[11]

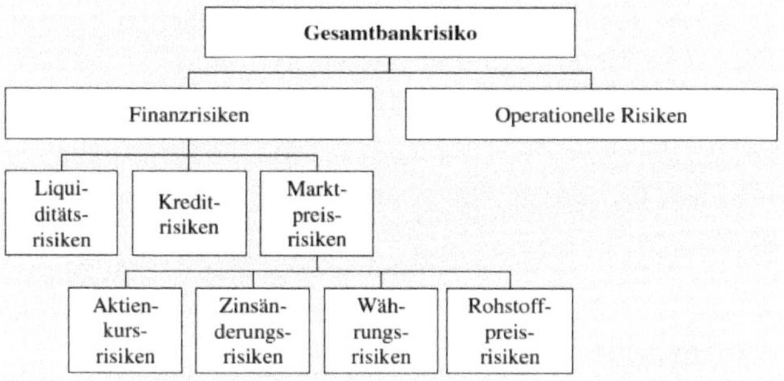

Abb. 3: Aufteilung des Gesamtbankrisikos
Quelle: Schierenbeck, H./Lister, M./Kirmße, S. [Ertragsorientiertes Bankmanagement, 2008], S. 9.

Das Kreditrisiko wird im nächsten Abschnitt differenzierter untersucht.

Marktpreisrisiken entstehen aus Veränderungen der allgemeinen Marktpreise zu Ungunsten einer Bank, insbesondere aus

---

[11] Vgl. Schierenbeck, H./Lister, M./Kirmße, S. [Ertragsorientiertes Bankmanagement, 2008], S. 9.

Marktpreisänderungen von Aktien, Zinsen, Rohstoffen und Wechselkursen.[12] Die Gefahr einer Ergebnisveränderung aufgrund zukünftiger Marktpreisänderungen spiegelt das Marktpreisrisiko wieder. Dabei kann sowohl ein Preisanstieg als auch eine Preissenkung zu einer Verschlechterung des Ergebnisses führen.[13]

Aufgrund seiner existenziellen Bedeutung ist das *Liquiditätsrisiko* ein Kernelement des unternehmerischen Risikomanagements.[14] Es beinhaltet die Gefahr, dass die Liquidität nicht gesichert ist und es in der Folge zu einer Insolvenz einer kreditierten Unternehmung führen kann.

Aufgrund der Eigenkapitalrichtlinien Basel II hat das *operationelle Risiko* sehr stark an Bedeutung gewonnen, da erstmals neben dem Marktrisiko und Kreditrisiko auch das operationelle Risiko mit Eigenkapital unterlegt werden musste.

Der Baseler Ausschuss definiert es als „... die Gefahr von Verlusten, die infolge der Unangemessenheit oder des Versagens von internen Verfahren, Menschen und Systemen oder in Folge externer Ereignisse eintreten".[15] Außerdem gehören auch Rechtsrisiken, nicht aber strategische Risiken oder Reputationsrisiken dazu.[16]

---

[12] Vgl. Rolfes, B. [Gesamtbanksteuerung, 2008], S. 12.

[13] Vgl. Duch, J. [Risikoberichterstattung, 2006], S. 15.

[14] Vgl. ebd., S. 14.

[15] Verordnung über die angemessene Eigenmittelausstattung von Instituten, Institutsgruppen und Finanzholding-Gruppen (Solvabilitätsverordnung – SolvV) vom 14. Dezember 2006

[16] Vgl. Verordnung über die angemessene Eigenmittelausstattung von Instituten, Institutsgruppen und Finanzholding-Gruppen (Solvabilitätsverordnung – SolvV) vom 14. Dezember 2006

2.3 Einführung des Kreditrisikos

Im Kreditgeschäft kommt es ungeachtet sorgfältiger Bonitätsprüfungen zu Zahlungsausfällen, die auch bei der Finanzkrise ab dem Jahre 2008 zu erkennen gewesen sind. Das Kreditrisiko im Firmenkreditgeschäft ist volumenmäßig die bedeutendste Risikoart und zudem die am schwierigsten zu prognostizierende.

Grundsätzlich kann das Kreditrisiko als die Gefahr einer negativen Abweichung des bei der Kreditauszahlung geplanten Kreditergebnisses im Vergleich zum tatsächlich eintretenden Ergebnis verstanden werden.[17] Sowohl bei der Definition als auch bei der Unterteilung des Kreditrisikos erweist es sich als sehr schwierig, in der Literatur eine einheitliche Definition respektive Unterteilung zu finden.

	Ausfallrisiko	**Bonitätsrisiko**
Expected Loss	Erwartete Ausfallrate in einer Bonitätskategorie	Erwartete Migrationsraten in schlechtere Bonitätskategorien
Unexpected Loss	Negative Abweichung von erwarteten Ausfällen einer Bonitätskategorie	Negative Abweichungen von erwarteten Migrationsraten in schlechtere

Abb. 4: Dimensionen des Kreditrisikos
Quelle: Rolfes, B. [Gesamtbanksteuerung, 2008], S. 11.

Das Kreditrisiko wird begrifflich nach dem

- Ausfall- und

[17] Vgl. Schmeisser, W./Mauksch, C. [Finanzwirtschaft, 2005], S. 9.

- Bonitätsrisiko

unterteilt.[18]

Das *Ausfallrisiko*, demnach eine Teilkomponente des Kreditrisikos, stellt auf die Gefahr der Herabstufung des Kreditnehmers in die „Default"-Klasse ab, sodass die Bank die im Kreditvertrag vereinbarten Leistungen nur teilweise oder überhaupt nicht erhält.[19] Der Baseler Ausschuss sieht den Kreditausfall als gegeben an, sofern eines oder beide der folgenden Ereignisse eingetreten sind:

- „Die Bank geht davon aus, dass der Schuldner seinen Kreditverpflichtungen gegenüber der Bankengruppe mit hoher Wahrscheinlichkeit nicht in voller Höhe nachkommen wird, ohne dass die Bank auf Maßnahmen wie beispielsweise die Verwertung von Sicherheiten (soweit vorhanden) zurückgreift".[20]
- „Eine wesentliche Verbindlichkeit des Schuldners gegenüber der Bankengruppe ist mehr als 90 Tage überfällig.[21] Überziehungen werden als überfällig betrachtet, wenn der Kreditnehmer ein zugesagtes Limit überschritten hat oder

---

[18] Es gibt jedoch noch weitere Dimensionen des Kreditrisikos wie z.B. das Länderrisiko oder das Erfüllungsrisiko, jedoch soll an dieser Stelle nicht weiter darauf eingegangen werden

[19] Vgl. Schierenbeck, H./Lister, M./Kirmße, S. [Ertragsorientiertes Bankmanagement, 2008], S. 289.

[20] Baseler Ausschuss für Bankenaufsicht [Eigenkapitalmessung und Eigenkapitalanforderungen, 2004], Tz. 452.

[21] Bei Privatkunden- und PSE-Forderungen kann die Aufsicht die 90-Tage Frist für verschiedene Produkte auf 180 Tage erhöhen, falls dies den lokalen Gepflogenheiten entspricht. In einem Mitgliedsland legen lokale Gepflogenheiten die längere 180-Tage-Frist auch für die Kreditvergabe von Banken an Unternehmen nahe; diese gilt für eine Übergangsfrist von 5 Jahren.

ihm ein geringeres Limit als die aktuelle Inanspruchnahme mitgeteilt wurde".[22]

Nicht nur das Beispiel von Lehmann Brothers aus dem Jahr 2008 macht deutlich, dass Kreditausfälle zumeist die Ursache für Insolvenzen von Kreditinstituten waren und letztlich zum Ausbruch weltweiter Krisen führten und perspektivisch führen können.[23]

Mit Hilfe der Ausfallwahrscheinlichkeit wird das Ausfallrisiko eines Schuldners gemessen. Insofern ist das Ausfallrisiko eine wesentliche Größe, welche im weiteren Verlauf näher betrachtet wird.

Das *Bonitätsrisiko* hingegen ist mit der Gefahr verbunden, dass die Bonität des Kreditnehmers sich während der Kreditlaufzeit innerhalb der verschiedenen Solvenzklassen verschlechtert.[24] Aufgrund der Bonitätsverschlechterung erhöht sich somit die Ausfallwahrscheinlichkeit des Kreditengagements.[25]

Nichtsdestotrotz kann sich eine Bonitätsveränderung auch positiv auswirken. Aufgrund der Tatsache, dass eine Risikobetrachtung zugrunde liegt, wird diese positive Veränderung der Bonität bei der weiteren Verwendung ausgeblendet.

Weil das Kreditrisiko ein unvermeidbarer Bestandteil des Kreditgeschäftes ist, werden durch einen möglichen Ausfall entstehende Kosten bereits bei der Kreditvergabe berücksichtigt.

---

[22] Baseler Ausschuss für Bankenaufsicht [Eigenkapitalmessung und Eigenkapitalanforderungen, 2004], Tz. 452.

[23] Hiermit sei an die letzte große Banken- und Weltwirtschaftskrise erinnert.

[24] Vgl. Schierenbeck, H./Lister, M./Kirmße, S. [Ertragsorientiertes Bankmanagement, 2008], S. 289.

[25] Vgl. Fischer, O. [Bankbetriebswirtschaft, 2011], S. 242.

2.4 (Kredit-)Risikomanagement im Bankbereich

„Kein Bankgeschäft ist ohne Risiko. Ohne Risikoübernahme sind jedoch nur geringere Erträge realisierbar“.[26] Daraus kann abgeleitet werden, dass Wachstumsziele und Ertragsziele in einem Spannungsfeld zum Risiko stehen. Insofern gehören Risiken dazu und müssen gesteuert werden.[27] Das Risikomanagement stellt die Gesamtheit der organisatorischen Maßnahmen und Prozesse dar, die auf die Identifikation, Beurteilung, Steuerung und Überwachung von Risiken abzielen.[28]

In der Vergangenheit können einige Fehler auf ein mangelhaftes Risikomanagement zurückgeführt werden. Dieses Instrumentarium ist insbesondere im Kreditbereich und den damit verbundenen Risiken unverzichtbar. Kreditrisikomanagement kann als Kreislaufprozess aus

- Kreditrisikoidentifikation,
- Kreditrisikomessung,
- Kreditrisikobewertung,
- Kreditrisikosteuerung und
- Kreditrisikokontrolle

verstanden werden.

Durch die veränderten aufsichtsrechtlichen Rahmenbedingungen, der Globalisierung und dem Wettbewerbsdruck besteht offenkundig die Notwendigkeit der permanenten Überprüfung und Verbesserung der Instrumente des Risikomanagements.[29]

---

[26] Ebd., S. 237.

[27] Vgl. ebd. [Bankbetriebswirtschaft, 2011], S. 237.

[28] Vgl. Diederichs, M. [Risikomanagement, 2012], S. 13.

[29] Vgl. Rösler, P./Mackenthun, T./Pohl, R. [Handbuch, 2002], S. 637.

Die folgende Abbildung veranschaulicht die einzelnen Phasen des Kreditrisikomanagements:

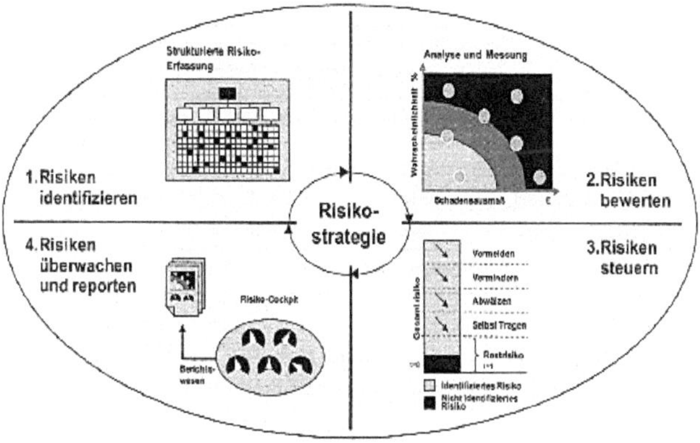

Abb. 5: Zum Prozess des Risikomanagements
Quelle: Romeike, F. [Integriertes Risk Controlling, 2006], S. 446.

Der Risikomanagementprozess beginnt mit der *Risikoidentifikation*, bei der das Erkennen von Risiken im Vordergrund steht. Dafür muss vorerst das Risiko definiert werden, um danach feststellen zu können, ob ein Geschäft überhaupt mit Risiken verbunden ist. Anschließend werden die im Vorfeld identifizierten Risiken klassifiziert und den jeweiligen Risikokategorien zugeordnet. Die Einordnung ist für die spätere Auswahl des entsprechenden Steuerungsinstruments von Bedeutung.[30]

Die Qualität der Risikoidentifikation ist ausschlaggebend für alle weiteren Phasen und stellt somit die wichtigste Komponente dar. Werden Risiken gar nicht oder zu spät identifiziert, können sie eine ernstzunehmende Bedrohung oder gar

---

[30] Vgl. Schulte, M. /Horsch, A. [Banksteuerung 2002], S. 17.

eine Existenzgefährdung der Unternehmung evtl. sogar der Bank nach sich ziehen.[31]

Die *Risikobewertung* dient der Quantifizierung der zuvor identifizierten Risiken, wobei die Qualität der Daten von der Verfügbarkeit und Aktualität abhängt.[32] Die Diskriminanzanalyse oder das Rating sind Verfahren, die eine Messung und Quantifizierung des Risikos anstreben. Die nachgelagerte Beurteilung der quantifizierten Risiken richtet sich nach der entsprechenden Risikoeinstellung des Institutes und bestimmt den Einsatz der Instrumente zur Risikostreuung.[33]

Die Grundlage jeder *Risikosteuerung* ist die Erkennung relevanter Risiken und deren Quantifizierung. Die Risikosteuerung wird als das Kerngeschäft des Kreditrisikomanagements angesehen.[34] Diese Phase zielt darauf ab, die Risikolage des Unternehmens positiv zu verändern. Sie umfasst alle Maßnahmen und Mechanismen zur Beeinflussung der Risikosituation, entweder durch eine Reduzierung der Eintrittswahrscheinlichkeit oder des Ausmaßes. Die Unternehmensziele sowie die definierten Ziele der Risikostrategie müssen mit der Risikosteuerung übereinstimmen, um den Unternehmenswert nachhaltig zu steigern.[35]

Den letzten Prozessschritt im Rahmen des Kreditrisikomanagements stellt die *Risikoüberwachung* dar. Sie dient der Steuerung und Kontrolle der einzelnen Maßnahmen hinsichtlich ihrer Entwicklung und Auswirkungen auf das Unternehmen.

---

[31] Vgl. Diederichs, M. [Risikomanagement, 2012], S. 50.

[32] Vgl. Prätsch, J. /Schikorra, U. /Ludwig, E. [Finanzmanagement, 2012] S. 316.

[33] Vgl. Schmeisser, W./Mauksch, C. [Finanzwirtschaft, 2005], S. 14.

[34] Vgl. Baule, R. [Wertorientiertes Kreditportfoliomanagement, 2004], S. 2.

[35] Vgl. Romeike, F. /Hager, P. [Erfolgsfaktor Risiko-Management 3.0, 2013], S. 136.

Dabei werden die Ergebnisse und Entscheidungen der vorgelagerten Phasen auf ihre Wirksamkeit geprüft.[36] Eine der Hauptaufgaben besteht darin, Veränderungen der Risiken frühzeitig zu erkennen, um entsprechende Maßnahmen einleiten zu können. In diesem Kontext wären beispielsweise die Anpassung der Kreditkonditionen, die Bildung von Wertberichtigungen oder die Abgabe des Kreditengagements in den Problemkreditbereich denkbare Maßnahmen.[37]

Da der Prozess der Kreditrisikomanagements als Kreislauf zu verstehen ist, schließt sich die erste Phase, die Risikoidentifikation, nach der Phase der Risikoüberwachung nahtlos an. Dies kann als stetiger Prozess verstanden werden, da es für Kreditinstitute überlebenswichtig ist, fortlaufend neue oder sich verändernde Risiken zu identifizieren oder zu beurteilen.

2.5 Rechtliche Rahmenbedingungen auf das Risikomanagement

Der Gesetzgeber hat relevante Regularien entwickelt, um die Steuerung des Kreditrisikomanagements in den Kreditinstituten zu fördern. Die Eigenkapitalvereinbarung des Baseler Ausschusses für Bankenaufsicht schafft Rahmenbedingungen, die die Kapitalanforderungen an Banken stärker als bisher vom eingegangenen Risiko abhängig machen und somit zusätzlichen Anreiz zur Entwicklung des Kreditrisikomanagements in Banken geben. Durch die Einführung des § 25a Abs. 1 KWG hat der Gesetzgeber den Kreditinstituten Organisationspflichten zur Risikokontrolle und Überwachung auferlegt.

---

[36] Vgl. Schulte, M./Horsch, A. [Banksteuerung, 2002], S. 21.

[37] Vgl. Lautenschlager, P. [Problemkredite, 2000], S. 154.

Die Mindestanforderungen an das Risikomanagement (MaRisk) knüpfen an § 25a KWG an. Dieser Paragraph verlangt von den Kreditinstituten, dass sie über eine ordnungsgemäße Geschäftsorganisation verfügen müssen[38].

Darunter ist ein „...funktionierendes Risikomanagement (zu verstehen, d. Verf.), das auf geeigneten Methoden der Risikomessung und Risikosteuerung beruht, klare organisatorische Vorgaben, interne Kontrollprozesse, eine vollständige Dokumentation der Geschäftsvorfälle sowie eine angemessene personelle und technische Ressourcenausstattung...“[39] besteht. Die MaRisk ist kein starres Regelwerk, sondern gibt den Kreditinstituten einen flexiblen Rahmen vor, der von jedem Institut individuell auszugestalten ist.

Sie gliedern sich in einen allgemeinen und einen besonderen Teil. Im allgemeinen Teil (Modul AT) befinden sich grundsätzliche Prinzipien für die Ausgestaltung des Risikomanagements. Im besonderen Teil (Modul BT) sind spezifische Anforderungen an die

- Aufbau- und Ablauforganisation respektive
- Risikosteuerungs- und Risikocontrollingprozesse von Adressenausfallrisiken,
- Marktpreisrisiken,
- Zinsänderungsrisiken,
- Liquiditätsrisiken und
- operationellen Risiken

niedergelegt[40].

---

[38] Vgl. Hartmann-Wendels, T./Pfingsten, A./Weber, M. [Bankbetriebslehre, 2000], S. 355.

[39] Ebd., S. 355.

[40] Vgl. ebd., S. 355 f.

2.6 Aufsichtsrechtliche Anforderungen an das Kreditgeschäft

2.6.1 Baseler Ausschuss für Bankenaufsicht

Im Jahre 1974 wurde der Baseler Ausschuss für Bankenaufsicht (Basel Committee on Banking Supervision [BCBS]) von den Zentralbank-Gouverneuren der Zehnergruppe (G-10) bei der Bank für Internationalen Zahlungsausgleich (BIZ) in Basel gegründet. Der Ausschuss setzt sich aus Vertretern der Zentralbanken und Bankenaufsichtsbehörden von 27 Ländern[41] zusammen.[42] Der Name leitet sich aus dem Sitz der Bank for International Settlements (BIS) im schweizerischen Basel ab. Vorsitzender des Ausschusses ist zurzeit der Gouverneur der schwedischen Reichsbank, Stefan Ingves. Der Baseler Ausschuss ist die weltweit entscheidenste normgebende Instanz. Ziel war und ist es, für weltweit agierende Banken eine globale Aufsicht zu gewährleisten, die Finanzstabilität zu fördern und einen einheitlichen Regelungsrahmen zu schaffen.

Um dieses Ziel nachhaltig zu verfolgen, erarbeitet der Ausschuss Vorgaben, die in EU-Europa über Richtlinien und Verordnungen Eingang in das nationale Recht finden und dadurch Gesetzeskraft erlangen. Insoweit gelten diese dann für alle Banken und Sparkassen.[43]

---

[41] Zu den Mitgliedsländern gehören: Argentinien, Australien, Belgien, Brasilien, China, Deutschland, Frankreich, Hongkong SAR, Indien, Indonesien, Italien, Japan, Kanada, Korea, Luxemburg, Mexiko, Niederlande, Russland, Saudi-Arabien, Singapur, Schweden, Schweiz, Spanien, Südafrika, Türkei, Vereinigtes Königreich und Vereinigte Staaten

[42] Vgl. Eidgenössische Finanzmarktaufsicht Finma [Baseler Ausschuss für Bankenaufsicht], S. 1.

[43] Vgl. Paul, S./Stein, S. [Finanzkommunikation, 2013], S. 38.

2.6.2 Basel I

Mit dem immer weiteren Ausbau der Finanzmärkte, ihrer Globalisierung und ihrer zunehmenden Vernetzung stiegen die Anforderungen an die Bankenaufsicht. Banken und Wertpapierhäuser aus Ländern mit weniger restriktiven aufsichtsrechtlichen Vorschriften unterlagen zunächst geringeren Eigenkapitalanforderungen und -kosten, was Wettbewerbsverzerrungen zur Folge hatte. Demnach fehlten international einheitliche Sicherheitsstandards für international agierende Banken. Damit die Stabilität des Bankensystems und gleiche Wettbewerbsbedingungen sichergestellt werden konnten, mussten nationale Vorschriften mit den europäischen und internationalen Regeln harmonisiert werden. Mit den Harmonisierungsbestrebungen wurde der Baseler Ausschuss für Bankenaufsicht gegründet.[44] Im Jahr 1988 verabschiedete der Baseler Ausschuss für Bankenaufsicht den Baseler Eigenkapitalakkord für international tätige Banken, der heute als Basel I bezeichnet wird.

Aufgrund der Tatsache, dass bei Banken ein Trend zur sukzessiven Verringerung des Eigenkapitals im Vergleich zu den eingegangenen Risiken zu beobachten war, beinhaltete Basel I Mindeststandards für die Eigenkapitalausstattung von Banken. Basel I sollte für die Stabilisierung der Banken bei Kreditausfällen und somit zur Stabilisierung des weltweiten Finanzsystems sorgen. Der Grundgedanke dahinter war die Risikobegrenzung durch Eigenkapital. Das angestrebte Verhältnis von Eigenkapital zu risikogewichteten Aktiva sollte 8 Prozent betragen. Die Risikogewichtung der Forderungen erfolgte nach folgendem Schema[45]:

---

[44] Vgl. Rolfes, B. [Gesamtbanksteuerung, 2008], S. 17.

[45] Vgl. Baseler Ausschuss für Bankenaufsicht [1988] S. 3 ff.

Bonitäts-gewichtungs-faktor	Bilanzaktiva
0%	Barmittel, Forderungen an Staaten und Zentralbanken in nationaler Währung und mit Sitz innerhalb der OECD
10%	bestimmte Schuldverschreibungen
20%	Forderungen an Banken mit Sitz in der OECD und durch solche Banken verbürgte Forderungen. Forderungen an Banken außerhalb der OECD mit Restlaufzeit von bis zu einem Jahr
50%	grundpfandrechtlich gesicherte Kredite
100%	sämtliche sonstige Forderungen

Tab. 1: Bonitätsgewichtungsfaktoren gemäß Basel I
Quelle: In Anlehnung an Baseler Ausschuss für Bankenaufsicht [1988] S.14 f.

Das zur Unterlegung von Risiken benötigte Eigenkapital berechnet sich nach der Formel[46]:

Eigenkapital in €= Risikoaktiva in € * Bonitätsgewichtungsfaktor in % * 8%

Ein wesentlicher Kritikpunkt an Basel I ist die starre und undifferenzierte Einteilung der Kreditnehmer in die einzelnen Risikokategorien, denn somit müssen Banken für finanziell solide Unternehmen genauso viel Eigenkapital vorhalten wie beispielsweise für ein Start-up-Unternehmen, die ein hohes Risikopotential birgt.

Bei bonitätsmäßig unterschiedlichen Schuldnern kommt es dadurch zu dem Effekt einer Quersubventionierung, da die

[46] Vgl. Hartmann-Wendels, T./Pfingsten, A./Weber, M. [Bankbetriebslehre, 2000], S. 389.

Eigenkapitalkosten in gleichem Maße in den Kreditzins einfließen. Folglich zahlen Unternehmen mit einer guten Bonität eine zu hohe Marge und tragen somit einen unbegründet hohen Teil der gesamten Risiken anderer Kreditnehmer.[47] Um diese Schwäche zu beheben, entwickelte der Baseler Ausschuss die Eigenkapitalvorschriften Basel II.

2.6.3 Basel II

Der Baseler Ausschuss hatte im Juni 1999 ein erstes Konsultationspapier verfasst, welches die 1988 getroffene Regelung ersetzen und ergänzen sollte, um die beschriebenen Schwachstellen von Basel I zu beheben. Das erste Konsultationspapier wurde im Januar 2001 modifiziert (zweites Konsultationspapier).[48]

In Deutschland wurde Basel II mit dem Inkrafttreten der Solvabilitätsverordnung (SolvV) am 01.01.2007 und den daraus ergebenden Änderungen der Mindestanforderungen an das Risikomanagement (MaRisk) umgesetzt. Während der Entwicklung war das Baseler Komitee bestrebt, die Eigenkapitalausstattungen auf dem bestehenden Niveau von 8 Prozent zu belassen, jedoch diese gleichzeitig stärker als bisher vom eingegangen Risiko abhängig zu machen. Das bedeutet, dass Kredite mit unterschiedlichen Ausfallwahrscheinlichkeiten mit differenzierten Eigenkapitalbeträgen unterlegt werden müssen. Weiterhin wurden die Schwerpunkte auf die Erweiterung der qualitativen Bankenaufsicht und der Offenlegungspflichten gesetzt. Insofern gliedert sich Basel II in drei Säulen auf:[49]

---

[47] Vgl. Keiner, T. [Rating, 2001], S. 27 ff.

[48] Vgl. Stiefl, J. [Risikomanagement, 2010], S. 24.

[49] Vgl. Gleißner, W./Füser, K. [Rating und Finanzierung, 2014], S. 81 sowie Deutsche Bundesbank [Monatsbericht, 2004], S. 75 ff.

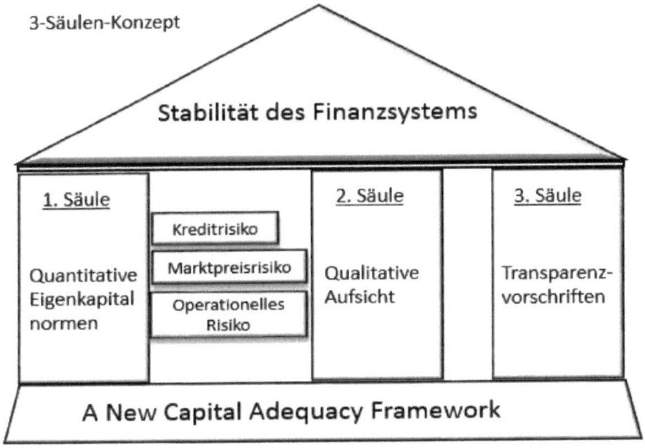

Abb. 6: Drei-Säulen-Konzept nach Basel II
Quelle: Entnommen aus Gleißner, W./Füser, K. [Rating und Finanzierung, 2014], S. 82.

- *Säule 1* beinhaltet als Herzstück von Basel II die Berechnung der Mindestanforderungen an die Eigenkapitalausstattung und die anzuwendenden Risikomethoden. Wesentliches Kriterium für die Eigenkapitalunterlegung ausgereichter Kredite ist die Bonitätseinstufung des Kreditnehmers anhand von externen und internen Ratings. Die Höhe der geforderten Eigenmittelunterlegung wird mit abnehmenden Risikogehalt des Kreditnehmers verringert, da Basel II auf die Förderung des Einsatzes von fortschrittlichen Risikomessverfahren abzielt. Auch die operationellen Risiken mussten fortan mit Eigenkapital unterlegt werden.[50]
- *Säule 2* beschreibt die qualitativen Anforderungen an den aufsichtsrechtlichen Überprüfungsprozess bzw. der Su-

50 Vgl. Breitenbach, G./Martin, M./Nolte, T. [Rating-Systeme, 2007], S. 144, sowie Baseler Ausschuss für Bankenaufsicht [2006] S.14 f.

pervisory Review Process (SRP) für die unternehmensweit vorzufindenden Risikomanagement- und Investitionsplanungsprozesse. Primäres Ziel ist die Sicherstellung der in den Mindesteigenkapitalanforderungen aufgestellten Regelungen und die Beurteilung, ob die internen Verfahren zur Messung, Steuerung und Überwachung der Risiken eines Kreditinstituts angemessen sind.[51]

- *Säule 3* umfasst die Offenlegungspflichten der Kreditinstitute. Dabei müssen umfangreiche und detaillierte Informationen über bestehende Risikopositionen, über die Eigenkapitalausstattung sowie über interne Verfahren zur Messung, Steuerung und Überwachung der Risiken periodisch in öffentlich zugänglichen Medien erfolgen. Diese Informationen richten sich in erster Linie an den Kapitalmarkt, der eine gewisse Kontrollfunktion über die Risiken und deren angemessene Unterlegung mit Eigenmitteln wahrnimmt. In der Literatur wird dieser Zusammenhang als „Marktdisziplin" bezeichnet.[52]

Vor allem aber die erste Säule ist für die Kreditkalkulation von besonderer Relevanz. Das Verhältnis von anrechenbarem Eigenkapital zu risikogewichteten Aktiva darf die Grenze von 8 Prozent nicht unterschreiten. Folglich gilt[53]:

$$\frac{regulatorisches\ Eigenkapital}{risikogewichtete\ Aktiva} \geq 8\ \%$$

Abb. 7: Verhältnis Eigenkapital zu risikogewichteten Aktiva

---

[51] Vgl. Deutsche Bundesbank [Monatsbericht, 2004], S. 88 f.

[52] Vgl. Breitenbach, G./Martin, M./Nolte, T. [Rating-Systeme, 2007], S. 146.

[53] Vgl. Baseler Ausschuss für Bankenaufsicht [Eigenkapitalmessung und Eigenkapitalanforderungen, 2006], S. 14.

2.7 Messung von Kreditrisiken

Bei der Bestimmung des Risikogewichtes von Forderungen ergeben sich in Basel II fundamentale Veränderungen. Der bisher relativ starre Ansatz in Basel I wurde durch risikogerechtere Ansätze ersetzt. Der Baseler Ausschuss schlägt zur Ermittlung der Risikogewichtung und damit zur genauen Berechnung der Höhe der Eigenkapitalunterlegung für Kreditrisiken zwei grundlegende Methoden vor. Danach können Banken zwischen dem Standardansatz (KSA), der auf externen Ratings beruht oder dem auf internen Ratings basierenden Ansatz (IRB-Ansatz) wählen. Bei dem IRB-Ansatz wird noch einmal zwischen dem IRB-Basisansatz und dem fortgeschrittenen IRB-Ansatz differenziert, die später näher erläutert werden.[54]

Abgesehen von einigen Modifikationen entspricht der Standardansatz der Eigenkapitalvereinbarung von 1988. Der IRB-Ansatz hingegen stellte eine bedeutende Neuerung innerhalb des Bankensystems dar.

2.7.1 Standardansatz

Unterstützt durch externe Bonitätsbeurteilungen stellt der Standardansatz eine standardisierte Messung des Kreditrisikos dar. Zur Beurteilung der Bonitäten der Schuldner können die Kreditinstitute auf externe Ratingagenturen wie

- Standard & Poor‘s (S&P),
- Moody‘s oder
- Fitch

zurückgreifen, die von nationalen Aufsichtsbehörden anerkannt sein müssen. Zusätzlich müssen die Agenturen vorge-

54 Vgl. Baseler Ausschuss für Bankenaufsicht [Eigenkapitalmessung und Eigenkapitalanforderungen, 2006], S. 22 ff.

gebene Anforderungen erfüllen, damit sie für die Bonitätseinschätzung zugelassen werden.[55] In Abhängigkeit vom Rating (Verwendung der Skalierung von Standard & Poor's[56]) wurden für Forderungen an Wirtschaftsunternehmen folgende Einstufungen determiniert:

Rating	AAA bis AA -	A+ bis A -	BBB+ bis BB -	unter BB-	nicht beurteilt
Risikogewicht	20%	50%	100%	150%	100%
effektive Eigenkapitalunterlegung	1,60%	4,00%	8,00%	12,00%	8,00%

Tab. 2: Risikogewichtete und effektive Eigenkapitalunterlegung in Abhängigkeit vom Rating
Quelle: In Anlehnung an Baseler Ausschuss für Bankenaufsicht [Eigenkapitalvereinbarung, 2003], S. 26.

Aus der Darstellung der effektiven Eigenkapitalunterlegung wird ersichtlich, inwiefern sich Veränderungen der Bonität auf die Eigenkapitalunterlegung auswirken. Hierbei kann konstatiert werden, dass die Bonität des Kreditnehmers eine herausragende Rolle für Kreditinstitute spielt.

Den Retailforderungen im Kreditgeschäft wird eine Besonderheit zugeschrieben, da diese ein Risikogewicht von 75 Prozent erhalten, wenn sie bestimmte Voraussetzungen erfüllen. So muss der Kreditnehmer eine natürliche Person

---

55 Vgl. Baseler Ausschuss für Bankenaufsicht [Eigenkapitalvereinbarung, 2003], S. 16 f.

56 Die Ratingeinteilung nach Standard & Poor's wurde nur beispielhaft gewählt, denn es hätten auch Skalierungen anderer Ratingagenturen gewählt werden können.

oder mehrere natürliche Personen oder ein Kleinunternehmen sein.[57]

Da ein Risikogewicht von 75 Prozent einer effektiven Eigenkapitalbelastung von 6 Prozent entspricht, bedeutet diese Abgrenzung von Unternehmenskrediten und Retailkrediten eine große Entlastung. Speziell vor dem Hintergrund von mathematischen Portfeuille-Überlegungen, dass die Unternehmenslandschaft in Deutschland durch kleine und mittelständische Unternehmen geprägt ist.

Die nachfolgend beschriebene Ermittlung der Eigenkapitalanforderung mittels internen Ratingansätzen ist wesentlich komplexer.

2.7.2 IRB-Ansätze

Basel II ermöglicht neben dem Standardansatz mit nur externem Rating, das aufsichtsrechtliche Eigenkapital mit Hilfe interner Verfahren zu bestimmen.

Zur Ermittlung der Eigenkapitalunterlegung nach dem IRB-Ansatz steht das intern bestimmte Rating im Mittelpunkt. Hierbei werden institutseigene Ratingsysteme eingesetzt, um das individuelle Bonitätsrisiko eines Kreditnehmers zu bestimmen. Interne Ratingverfahren müssen definierten Mindestanforderungen genügen und letztlich von der nationalen Bankenaufsicht ausdrücklich genehmigt werden.[58]

Basel II differenziert zwischen dem *Basis-IRB-Ansatz* und dem *fortgeschrittenen IRB-Ansatz*. Sofern sich ein Kreditinstitut für einen Ansatz entschieden hat, so ist dieser für sämtliche Forderungsklassen zu verwenden. Eine Wahlmöglichkeit be-

---

57 Vgl. Baseler Ausschuss für Bankenaufsicht [Eigenkapitalvereinbarung, 2003], S. 13.

58 Vgl. Breitenbach, G./Martin, M./Nolte, T. [Rating-Systeme, 2007], S. 153.

steht somit nicht mehr. Das Kreditinstitut beschränkt sich beim *Basis-IRB-Ansatz* darauf, die Ein-Jahres-Ausfallwahrscheinlichkeit (Probability of Default, PD) für jede ihrer Ratingklassen zu schätzen. Demgegenüber werden Risikoparameter, wie die Restlaufzeit des Kredites, von der Aufsicht vorgegeben. Beim fortgeschrittenen IRB-Ansatz werden sämtliche Risikoparameter (PD, LGD, EAD, M)[59] von der Bank selbst berechnet und geschätzt.[60]

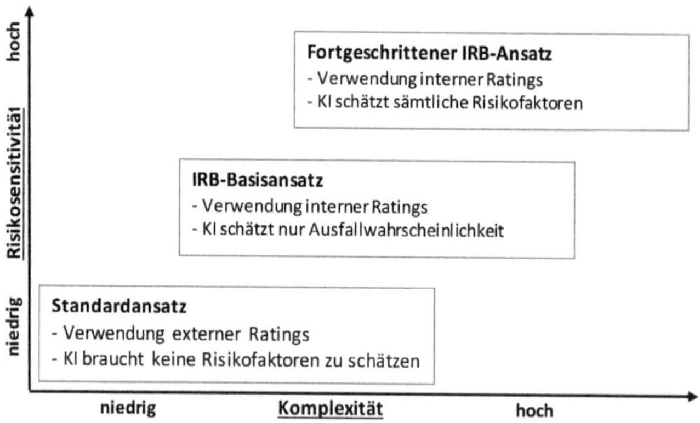

Abb. 8: Komplexität und Risikosensitivität des Standardansatzes und IRB-Ansätze.
Quelle: Entnommen aus Schmeisser, W. [Corporate Finance, 2010], S. 228.

---

[59] PD = Probability of Default (einjährige Ausfallwahrscheinlichkeit des Schuldners),
LGD = Loss Given Default (erwarteter Verlust bei Ausfall des Kreditnehmers, in Prozent des Kredits),
EAD = Exposure at Default (erwartete Höhe der ausstehenden Forderungen zum Zeitpunkt des Ausfalls),
M = Maturity (Restlaufzeit des Kredits)

[60] Vgl. Guserl, R./Pernsteiner, H. [Finanzmanagement, 2011], S. 323 f.

Die bisher vorgestellten Ansätze zur differenzierten Messung der Kreditrisiken – *der Standardansatz, der IRB-Basisansatz und der fortgeschrittene IRB-Ansatz* – unterscheiden sich in ihrer Risikosensitivität und Komplexität (siehe Abbildung 8).

Die Risikosensitivität des *Standardansatzes* ist sehr gering, weil nur eine geringe Messung des Ausfallrisikos vorgenommen werden kann. Die Risikosensitivität und die Komplexität des *fortgeschrittenen IRB-Ansatzes* sind am höchsten, da die Kreditinstitute sämtliche Risikofaktoren durch interne Ratings schätzen müssen. Der IRB-Basisansatz weist sowohl eine niedrigere Komplexität als auch eine niedrigere Risikosensitivität auf, da die Kreditinstitute nur die Ausfallwahrscheinlichkeit schätzen müssen.

2.8 Basel III

Die Ausweitung der amerikanischen Hypothekenkrise zu einer globalen Finanzkrise veranlasste die 20 größten Wirtschaftsnationen (G 20) dazu, neue Regeln zur Regulierung von Kreditinstituten zu schaffen. Deshalb hat der Baseler Ausschuss für Bankenaufsicht das sogenannte *Basel-III-Rahmenwerk* im Dezember 2010 beschlossen und veröffentlicht. Die wesentlichen Maßnahmen sind die Stärkung der Quantität, der Qualität und Flexibilität des Eigenkapitals, welche den Kern des Basel-III-Rahmenwerks bilden. Zu den weiteren Maßnahmen gehören z.B. die genauere Beaufsichtigung systemrelevanter Kreditinstitute, die Einführung internationaler Liquiditätsstandards und eine größere Transparenz und vermehrte Offenlegung.[61] Da die neuen Eigenkapitalvorschriften eine große Bedeutung für die Kreditkalkulati-

---

61 Vgl. Deutsche Bundesbank [Basel III, 2011], S. 5, sowie Everling, O. [Basel III, 2013], S. 15.

on der Banken bedeuten, werden nachstehend ausschließlich die Maßnahmen im Hinblick auf das Eigenkapital erläutert.

2.8.1 Eigenkapital-Qualität

Ein wesentliches Element des Basel-III-Rahmenwerkes (auf europäischer Ebene CRD IV und CRR[62]), insbesondere des harten Kernkapitals, stellt die Steigerung der Qualität des aufsichtsrechtlichen Kapitals dar. Das Eigenkapital besteht, im Gegensatz zum Basel-II-Rahmenwerk, nur aus einem Kernkapital- und Ergänzungskapitalbestandteil (siehe Abbildung 9).

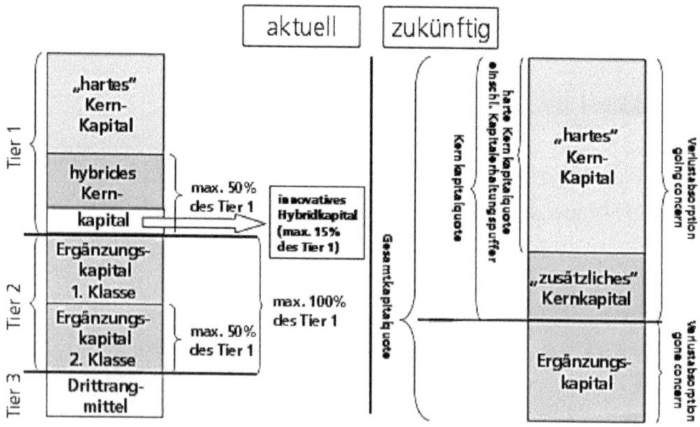

Abb. 9: Überarbeitung der Eigenkapitaldefinition
Quelle: Entnommen aus Deutsche Bundesbank [Basel III, 2011], S. 10.

---

[62]Die Capital Requirements Directive IV (CRD IV) und die Capital Requirements Regulation (CRR) bezeichnen die EU-Richtlinie und die EU-Verordnung, welche auf europäischer Ebene die bankaufsichtlichen Regelungen umsetzen, die im Wesentlichen auf dem Basel III-Regelwerk beruhen.

Das Kernkapital, das aus hartem und zusätzlichem Kernkapital besteht, soll in vollem Umfang Verluste auffangen und somit eine Insolvenz abwenden (going concern capital). Der Ausschuss straffte die Struktur bei den weiteren und bisher anerkannten Eigenmittelelementen. Es verbleibt nur noch eine Kategorie von Ergänzungskapital, wobei die bisherige Zweiteilung des Ergänzungskapitals (Tier 2) aufgegeben wurde. Dieses Gone-Concern-Capital steht im Liquidations- und Insolvenzfall den Gläubigern zur Verfügung.[63] Gleichwohl werden ein Kapitalerhaltungspuffer und ein antizyklischer Puffer eingeführt, die unter bestimmten Bedingungen abgeschmolzen werden dürfen, ohne das die Aufsicht mit einem Lizenzentzug der Bank droht. Dennoch werden die Kreditinstitute in einem solchen Fall sanktioniert, indem ihre Gewinnausschüttungen beschränkt werden.

Das harte Kernkapital zeichnet sich durch die höchste Haftungsqualität aus. Seine Merkmale sind der Nachrang gegenüber allen anderen Forderungen im Liquidationsfall, die volle Flexibilität bezüglich Dividenden- oder Zinszahlungen sowie die fehlende Laufzeitbegrenzung. Idealtypisch treffen diese Merkmale auf das Grund- und Stammkapital bei Aktiengesellschaften (AG's) bzw. GmbH's zu. Das gezeichnete Kapital als hartes Kernkapital ist für Kreditinstitute in anderen Rechtsformen weiter anerkennungsfähig.[64]

Das zusätzliche Kernkapital entspricht weitestgehend hybridem Kernkapital, sofern sie strenge Kriterien erfüllen. In dieser Kategorie müssen Finanzinstrumente der Verlustabsorption dienen und gegenüber Einlegern nachrangig sein. Unter bestimmten Umständen können diese jedoch durch den Emittenten kündbar sein.[65]

---

[63] Vgl. Deutsche Bundesbank [Basel III, 2011], S. 8 ff.

[64] Vgl. Paul, S./Stein, S. [Finanzkommunikation, 2013], S. 61.

[65] Vgl. Deutsche Bundesbank [Basel III, 2011], S. 12 ff. sowie Baseler Ausschuss für Bankenaufsicht [Basel III, 2010a], S. 16 f.

Das Ergänzungskapital umfasst in der Regel die langfristigen, dem Kreditinstitut mindestens fünf Jahre zur Verfügung gestellten nachrangigen Verbindlichkeiten und Genussrechte[66], sofern diese die relevanten Einstufungskriterien erfüllen.[67]

2.8.2 Eigenkapital-Quantität

Mit der Einführung des Basel-III-Rahmenwerkes soll nicht nur eine Erhöhung der Qualität, sondern auch eine Erhöhung der Quantität der Eigenkapitalbasis der Banken einhergehen. Seit 2013 steigen die quantitativen Kapitalanforderungen stufenweise von 8 Prozent auf bis zu 13 Prozent ab dem Jahre 2019. Die Unterlegung der Kreditrisiken mit regulatorischem Eigenkapital bleibt weiterhin bei 8 Prozent, jedoch müssen ab 2016 Kapitalerhaltungspuffer aus hartem Kernkapital aufgebaut werden, die im Zeitverlauf sukzessive steigen. Mit Einbeziehung des Kapitalerhaltungspuffers in Höhe von 2,5 Prozent belaufen sich die Anforderungen an das harte Kernkapital auf 7 Prozent, an das Kernkapital auf 8,5 Prozent und an das gesamte Eigenkapital auf 10,5 Prozent.[68]

Sofern die Bankenaufsicht eine Phase von extremen und überzogenen Kreditwachstum erkennt, kann die Eigenkapitalquote durch einen antizyklischen Kapitalpuffer von maximal 2,5 Prozent auf bis zu 13 Prozent erhöht werden. In diesem Zusammenhang stellt sich offenkundig eine Erhöhung der Kreditkosten für Kreditinstitute dar, die eine Überhitzung der Kreditvergabe verhindern soll.[69]

---

66 Kapitalanlage mit Recht auf Beteiligung an Gewinnen eines Instituts, jedoch ohne Stimmrechte.

67 Vgl. Baseler Ausschuss für Bankenaufsicht [Basel III, 2010a], S. 19 f.

68 Vgl. Deutsche Bundesbank [Basel III, 2011], S. 8 ff.

69 Vgl. ebd., S. 18.

In der folgenden Abbildung wird der Eigenkapitalaufbau nach Basel II und Basel III grafisch gegenübergestellt:

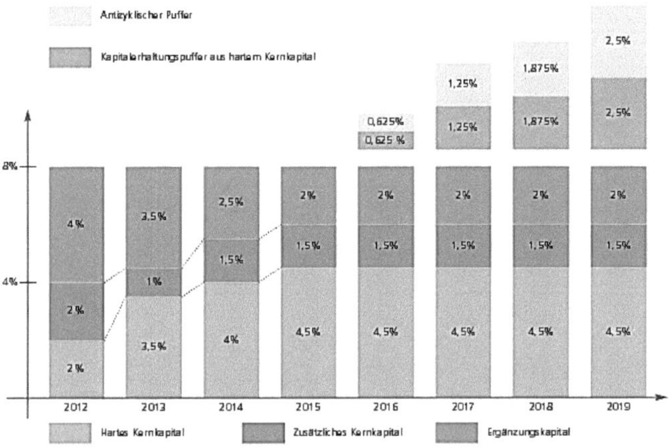

Abb. 10: Einführung neuer Mindestanforderungen und Aufbau der Kapitalpuffer
Quelle: Entnommen aus Deutsche Bundesbank [Basel III, 2011], S. 19.

3 Risikoanalyse – Instrumente zur Beurteilung des Bonitätsrisikos

Oben wurde gezeigt, dass eine Kreditvergabe mit Risiken für das Kreditgeschäft verbunden ist. Dabei wurden die grundlegenden Kreditrisiken im engeren und weiteren Sinne aufgeführt. Die Vorstellung von Basel II (und MaRisk) übermittelte die neuen Anforderungen (an die Aufbau- und Ablauforganisation im Kreditgeschäft) und die differenzierte Betrachtung der Kreditrisiken. Im folgenden Kapitel werden Ansätze zur Identifizierung, Messung und Quantifizierung von Kreditrisiken aufgezeigt. Die nachfolgend vorgestellten Verfahren fokussieren dabei das Bonitätsrisiko, welches sich in

- Ausfallrisiko und
- Bonitätsänderungsrisiko

unterteilt.

3.1 Bestandteile einer Kreditprüfung

Sofern ein Kreditnehmer einen Kredit beantragt, führt das Kreditinstitut eine Prüfung durch, um Risiken zu erkennen und auszuwerten. Dabei wird traditionell zwischen der Kreditfähigkeits- und Kreditwürdigkeitsprüfung differenziert. Der Begriff Kreditwürdigkeit wird in der heutigen Zeit als Synonym für Bonität genutzt. Bei der Frage nach der Kreditwürdigkeit einer Person, wird diese oftmals nur mit einer Ja- oder Nein-Entscheidung assoziiert. Wohingegen der Bonitätsbegriff mit der wirtschaftlichen Rückzahlungsfähigkeit von Kreditnehmern und der damit verbundenen Einstufung der Bonität anhand einer Ratingnote angesehen wird.[70]

[70] Vgl. Schmeisser, W./Mauksch, C. [Finanzwirtschaft, 2005], S. 40.

Damit die Vorstellung einer Ja- oder Nein-Entscheidung in diesem Zusammenhang abgegrenzt wird und einer einheitlichen Sichtweise gefolgt wird, wird im Folgenden der Begriff Bonität verwendet.

3.1.1 Kreditfähigkeitsprüfung

Der Kreditvertrag ist ein schuldrechtlicher Vertrag, der im BGB[71] geregelt ist. Dabei kann es sich um eine Geldleihe oder eine Kreditleihe handeln. Vor dem Zustandekommen eines solchen Vertrages prüft das Kreditinstitut, ob der Kreditantragsteller überhaupt rechtswirksame Kreditgeschäfte eingehen darf. Kreditfähig sind Personen, die im Sinne des BGB geschäftsfähig[72] sind und juristische Personen des privaten und öffentlichen Rechts und Personenhandelsgesellschaften. Bei der Kreditfähigkeitsermittlung von juristischen Personen wird zunächst ermittelt, ob die beantragende Person stellvertretend[73] oder im eigenen Namen handelt. Sofern eine Stellvertretung vorliegt, muss sowohl die Rechtsgültigkeit der Vertretungsbefugnis als auch die Geschäftsfähigkeit der verhandelnden und der juristischen Person geprüft werden.[74]

Diese Prüfung ist unabdingbar und unabhängig von den folgenden Verfahren, das in den nächsten Abschnitten dargestellt wird.

3.1.2 Bonitätsprüfung

Um eine Aussage treffen zu können, ob ein Kreditnehmer voraussichtlich in der Lage sein wird, seine Zins- und Tilgungs-

---

[71] Bürgerliches Gesetzbuch

[72] Nähere Erläuterung der Geschäftsfähigkeit siehe §§ 104 ff. BGB

[73] Nähere Erläuterung der Stellvertretung siehe §§ 164 ff. BGB

[74] Vgl. Guserl, R./Pernsteiner, H. [Finanzmanagement, 2011], S. 274, sowie Schmeisser, W./Mauksch, C. [Finanzwirtschaft, 2005], S. 40.

leistungen entsprechend der Kreditsumme vertragsgemäß zu leisten, wird eine Bonitätsprüfung des Kreditnehmers durchgeführt. Die Zielsetzung einer Bonitätsprüfung ist die Ermittlung und die Beurteilung der Bonität eines Kreditnehmers.

Durch die Bonitätsanalyse sind die persönliche und materielle Kreditwürdigkeit am stärksten betroffen. Bei der persönlichen Kreditwürdigkeit stehen die persönlichen Eigenschaften des Kreditnehmers bzw. des gesetzlichen Vertreters einer juristischen Person im Vordergrund. Die Hauptpunkte der Prüfung sind

- die menschlichen und charakterlichen Eigenschaften,
- die fachlichen und beruflichen Fähigkeiten,
- die unternehmerischen Fähigkeiten sowie
- generelle Einstellungen zu speziellen Aspekten.

Eine Unterschätzung dieser Prüfung wäre fatal, denn Aussagen der Krisenursachenforschung bestätigen, dass die künftige Unternehmensentwicklung sehr stark von den Fähigkeiten des Managements abhängen.[75]

Bei der materiellen Kreditwürdigkeitsprüfung stehen die wirtschaftlichen und finanziellen Verhältnisse des Kunden im Vordergrund. Bei Unternehmen liegt der Schwerpunkt der Prüfung auf der Beurteilung der zukünftigen Entwicklung. Dabei spielen die Vermögens-, Finanz- und Ertragslage des Unternehmens eine bedeutende Rolle. Sofern die gegenwärtigen und zukünftig erwarteten, wirtschaftlichen Verhältnisse den Eindruck hinterlassen, dass die Zins- und Tilgungsleistungen für den Kredit perspektivisch erbracht werden können, erscheint die Bonität des Kreditnehmers als angemessen.[76]

---

[75] Vgl. Grunwald, E./Grunwald, S. [Bonitätsanalyse, 2008], S. 268.

[76] Vgl.ebd., S. 268 f.

Im Folgenden wird auf mehrere Verfahren eingegangen, die zur Einschätzung der Bonität dienen.

3.2 Ausgewählte Verfahren der Bonitätseinschätzung

Heutzutage stehen zahlreiche Methoden und Instrumente zur Einschätzung der Bonität zur Verfügung. Sowohl die Beurteilung quantitativer Daten als auch die Untersuchung qualitativer Aspekte können Inhalte einer konsistenten Bonitätsprüfung sein. Ziel der nachfolgenden Abschnitte ist die Vorstellung ausgewählter Verfahren der Bonitätsanalyse, wobei nur die bekanntesten und praxisrelevantesten Verfahren vorgestellt werden. Im Anschluss erfolgen eine kritische Stellungnahme und die Überprüfung der Eignung für die Ermittlung von risikoadjustierten Zinssätzen bei der Vergabe von Krediten.

3.2.1 Traditionelle Bonitätsanalyse

Bei der traditionellen Bilanzanalyse, die in vielen Banken vorherrschend ist, liegt der Fokus neben den persönlichen, individuellen Eigenschaften[77] des Antragstellers auch auf den Managementqualitäten. Vor allem aber im Firmenkundengeschäft ist diese stark auf bilanztechnische Erkenntnisse fokussiert.[78] Insofern werden die eingereichten Jahresabschlussunterlagen der Unternehmen ausgewertet, die einen ausreichenden Einblick in die Vermögens- Finanz- und Ertragslage liefern soll, um einen Rückschluss auf die wirtschaftliche und finanzielle Widerstandskraft der Unternehmung zu ziehen.

---

[77] Dazu gehören Kriterien wie Glaubwürdigkeit, Geschäftsmoral und Zuverlässigkeit.

[78] Vgl. Schierenbeck, H./Lister, M./Kirmße, S. [Ertragsorientiertes Bankmanagement, 2014], S. 313.

Im Rahmen der Jahresabschlussanalyse werden die Unterlagen nach festgelegten Kriterien formell aufbereitet und anschließend eine Verdichtung ausgewählter Zahlen zu Kennzahlen vorgenommen. Die Auswahl geeigneter Kennzahlen variiert von Bank zu Bank, trotzdem bilden sie im Wesentlichen die Ertrags-, Finanz, Vermögens- und Liquiditätslage ab.[79] Jedoch ist die traditionelle Bonitätsanalyse immer wieder massiv unter Druck geraten, da der eingeschränkte Informationsgehalt der veröffentlichten Jahresabschlussdaten einen entscheidenden Nachteil darstellt. Denn die Jahresabschlussanalyse ist nur eine vergangenheitsorientierte Momentaufnahme des Unternehmens zum jeweiligen Bilanzstichtag und somit spiegeln die verwendeten Zahlen nur die Vergangenheit wider. Somit kann die Bonitätsanalyse nicht rechentechnisch gelöst werden, sondern muss auf die zusätzliche Einschätzung der Zukunft durch den Kreditgeber erweitert werden.[80]

Ein weiterer Nachteil liegt in den zahlreichen Bilanzierungs- und Bewertungswahlrechten innerhalb des Handelsrechts oder der IFRS, so dass vorherrschende Unternehmenssituationen besser dargestellt werden, um die Chancen auf einen Kredit zu erhöhen.[81] Auch die hohe Subjektivität in den Ergebnissen der Bonitätsanalyse ist ein negativer Aspekt, denn das Kreditgespräch wird von einem Menschen geführt, der natürlicherweise seine subjektiven Wahrnehmungen in die Kreditentscheidung mit einfließen lässt. Gleichwohl sind die Auswahl, Bewertung und Gewichtung der Kennzahlen stark von subjektiven Einflüssen geprägt. Obwohl die Kreditinstitute ihre Kreditentscheidungsprozesse systematisiert

---

[79] Vgl. Schiller, B./Tytko, D. [Risikomanagement, 2001], S. 77, sowie Grunwald, E./Grunwald, S. [Bonitätsanalyse, 2008], S. 31.

[80] Vgl. Wolke, T. [Risikomanagement, 2008], S. 160.

[81] Vgl. Schiller, B./Tytko, D. [Risikomanagement, 2001], S. 86 ff.

und standardisiert haben, verbleibt weiterhin ein Spielraum beim zuständigen Kreditsachbearbeiter.[82]

Bis heute ist die traditionelle Bonitätsanalyse in vielen Kreditinstituten fester Bestandteil, jedoch kann sie als alleiniges Instrument für die Ermittlung risikoadjustierter Kreditkonditionen nicht als geeignet angesehen werden.

3.2.2 Formalisierte Bonitätsanalyse

Die hohe Subjektivität der Kreditentscheidungen ist eine fundamentale Schwäche der traditionellen Bonitätsanalyse. Im Hinblick auf eine risikoadjustierte Konditionierung ist dieses Verfahren aber ungeeignet. Durch den Einsatz formalisierter Verfahren können die Kreditprozesse objektiviert werden und so eine konsistente und bankweite Kreditbeurteilung gewährleisten. Die Argumentation eines bonitätsabhängigen Kreditzinses den Kreditnehmern gegenüber, erfordert eine Vermeidung differierender Bonitätseinschätzungen innerhalb eines Kreditinstitutes. Eine bessere, objektivierte Beurteilung und eine Reduktion der Kreditrisiken ist folglich das Ziel der formalisierten Verfahren.[83]

Diskriminanzanalyse als mathematisch-statistisches Verfahren

Die Diskriminanzanalyse ist ein mathematisch-statistisches Verfahren zur Analyse von Gruppenunterschieden, das auf der sogenannten Insolvenzforschung basiert. Mit Hilfe von statistischen Untersuchungen werden genau die Merkmale bzw. Merkmalskombinationen von Kreditnehmern herausgearbeitet, die besonders gut geeignet sind, um insolvenzgefährdete Engagements von den solventen Engagements zu

---

[82] Vgl. Schierenbeck, H./Lister, M./Kirmße, S. [Ertragsorientiertes Bankmanagement, 2014], S. 313.

[83] Vgl. Schmeisser, W./Mauksch, C. [Finanzwirtschaft, 2005], S. 42.

unterscheiden.[84] Dabei haben sich die Jahresabschluss- und Finanzkennzahlen als besonders gute Merkmalsvariablen herausgestellt. Es wird von der Hypothese ausgegangen, dass sich „gesunde“ und „kranke“ Unternehmen in ihren Kennzahlen, welche aus dem Jahresabschluss abgeleitet wurden, signifikant voneinander unterscheiden und dies schon weit vor Beginn der Unternehmenskrise.[85] Um eine bestmögliche Trennung zwischen solventen und insolventen Unternehmen gewährleisten zu können, wird anhand von Voruntersuchungen ein sogenannter cut-off-point ermittelt. Es muss eine ausreichend große Grundgesamtheit an vergleichbaren Unternehmen mit bekannter Bonität vorhanden sein, um diesen *cut-off-point* zu bewirken.[86]

Die Diskriminanzanalyse kann die Ausprägungen

- „univariat“,
- „bivariat“ und
- „multivariat“

haben. Der Unterschied liegt in dem Merkmal bzw. der Kennzahl, die die Gruppeneinteilung ermöglicht. Bei der univariaten Diskriminanzanalyse wird das Analyseobjekt nur anhand einer Kennzahl zugeordnet. Bei der bivariaten sind es dagegen zwei Kennzahlen und folglich bei der multivariaten drei Kennzahlen bzw. Merkmale.[87]

In der folgenden Abbildung wird eine univariate Diskriminanzfunktion visualisiert:

---

[84] Vgl. Prätsch, J./Schikorra, U./Ludwig, E. [Finanzmanagement, 2012] S. 113, sowie Schierenbeck, H./Lister, M./Kirmße, S. [Ertragsorientiertes Bankmanagement, 2014], S. 315.

[85] Vgl. Schulte, M./Horsch, A. [Banksteuerung, 2002], S. 102 f.

[86] Vgl. Schiller, B./Tytko, D. [Risikomanagement, 2001], S. 91.

[87] Vgl. Prätsch, J./Schikorra, U./Ludwig, E. [Finanzmanagement, 2012] S. 113.

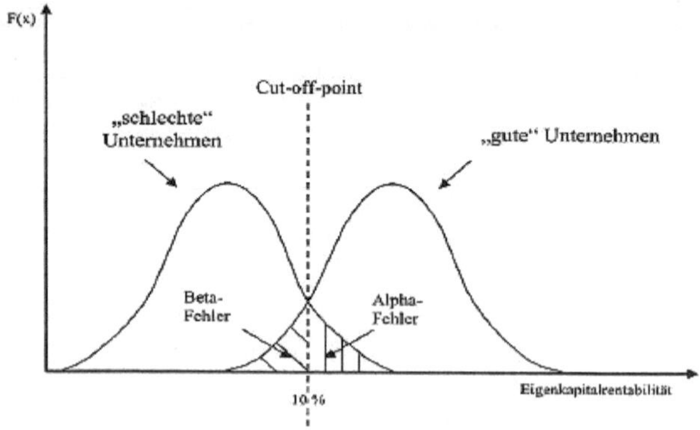

Abb. 11: Univariate Trennung mit Hilfe der Kennziffer Eigenkapitalrentabilität
Quelle: In Anlehnung an Schulte, M./Horsch, A. [Banksteuerung, 2002], S. 104.

In diesem Beispiel liegt der Trennwert bei einer Eigenkapitalrentabilität von 10 Prozent. Das bedeutet, dass Unternehmen mit einer Eigenkapitalrentabilität unter 10 Prozent perspektivisch insolvent werden. Mit diesem Wissen würde jedes Kreditinstitut einen Kreditantrag ablehnen. Sofern die Klassifikation von Unternehmen in „gute" und „schlechte" erfolgt, sind zwei Fehlentscheidungen möglich.

Der *Alpha-Fehler* gibt die Wahrscheinlichkeit an, dass es bei einem Unternehmen zur Kreditvergabe kommt, welches als zukünftig solventes Unternehmen eingeordnet wurde, jedoch ein zukünftig insolventes Unternehmen darstellt. Insofern entstehen dem Kreditinstitut kosten bezüglich geringerer Zins- und Tilgungsleistungen oder es muss den Kredit komplett abschreiben.[88]

[88] Vgl. Schulte, M./Horsch, A. [Banksteuerung, 2002], S. 104 ff.

Im Gegensatz dazu wird vom *Beta-Fehler* gesprochen, wenn ein zukünftig solventer Kreditnehmer keinen Kredit erhält, da er eine zu geringe Eigenkapitalquote aufweist. In diesem Fall entgehen dem Kreditinstitut nicht nur die Erträge aus dem nicht ausgereichten Kredit in Form von Zinszahlungen, sondern es ist auch mit einer möglichen Abwanderung des betroffenen Kunden zu rechnen. Fungiert der betroffene Kunde als Multiplikator, wandern eventuell weitere Kunden zu anderen Kreditinstituten.[89]

Verfahren der künstlichen Intelligenz

Künstlich Neuronale Netze

Bei der multivariaten Diskriminanzanalyse können die Jahresabschlussdaten in Form von aufbereiteten Kennzahlen aber nicht fehlerlos durch eine Trenngerade eingestuft werden, da in der Regel nicht-lineare Zusammenhänge bestehen. Somit müssten die Punkte in einem Koordinatensystem eigentlich durch eine *Zickzacklinie* in *gesunde* und *kranke* Unternehmen getrennt werden. Jedoch bildet die Diskriminanzanalyse diesen Sachverhalt nicht ab und liefert damit nur eingeschränkte Prognosen.[90]

Die Künstlich Neuronalen Netze sind ein Verfahren, das dieses Problem löst.[91] Die Bonität, Bestandsfähigkeit, Widerstandskraft und die Entwicklungsmöglichkeiten eines Unternehmens werden mit Hilfe eines Klassifikators objektiv beurteilt. Somit gelingt eine recht valide Trennung zwischen solventen und vermeintlich kranken Unternehmen.[92]

---

89 Vgl. ebd., S. 104 ff.

90 Vgl. Diederichs, M. [Risikomanagement, 2012], S. 104.

91 Vgl. Küting, K./Weber, C. [Die Bilanzanalyse, 2012], S. 378.

92 Vgl. Diederichs, M. [Risikomanagement, 2012], S. 104.

Hierbei wird versucht, die Vorgänge des menschlichen Gehirns nachzuahmen, um zielgerichtet die Ergebnisse der Diskriminanzanalyse zu verbessern bzw. zu übertreffen und somit ein modernes Frühwarnsystem zur präventiven Früherkennung von Insolvenzen oder auch einen Bilanzbonitätsindex von Jahresabschlüssen zu erlangen[93]. Die Grundbausteine neuronaler Netzwerke sind Neuronen, welche die Aufgaben menschlicher Nervenzellen übernehmen.[94] Neuronen besitzen die Fähigkeiten, eingehende Signale in Form elektronischer Impulse zu verarbeiten, zu gewichten und aus den gewichteten Eingabesignalen ein Ausgabesignal abzuleiten.[95] Üblicherweise erfolgt dieser Vorgang in drei verschiedenen Schichten, die in der Abbildung 12 dargestellt sind.

In der ersten Schicht, der Eingabeschicht, werden die Signale (Kennzahlen) von den einzelnen Neuronen empfangen. Bevor diese an die nächste Schicht übermittelt werden, erfolgt eine erste Selektion der wichtigsten Ausprägungsmerkmale der eingegebenen Kennziffernwerte.[96]

In der nächsten Ebene, der verborgenen Zwischenschicht, erfolgt die eigentliche Informationsverarbeitung. Dort werden Funktionswerte anhand der empfangenen Kennziffernausprägungen berechnet und an die Ausgabeschicht weitergeleitet.[97]

In der letzten Schicht, der Ausgabeschicht, werden die berechneten Funktionswerte zu Kreditteilen verdichtet und

---

93 Vgl. Prätsch, J. /Schikorra, U. /Ludwig, E. [Finanzmanagement, 2012] S. 116.

94 Vgl. Schiller, B./Tytko, D. [Risikomanagement, 2001], S. 99.

95 Vgl. Lautenschlager, P. [Problemkredite, 2000], S. 202.

96 Vgl. Schiller, B./Tytko, D. [Risikomanagement, 2001], S. 100, sowie Lautenschlager, P. [Problemkredite, 2000], S. 203.

97 Vgl. Lautenschlager, P. [Problemkredite, 2000], S. 203.

an die Umwelt weitergeleitet. Dieses Ausgabesignal gibt Aufschluss darüber, ob für das betrachtete Unternehmen eine Insolvenzgefährdung vorliegt oder nicht.

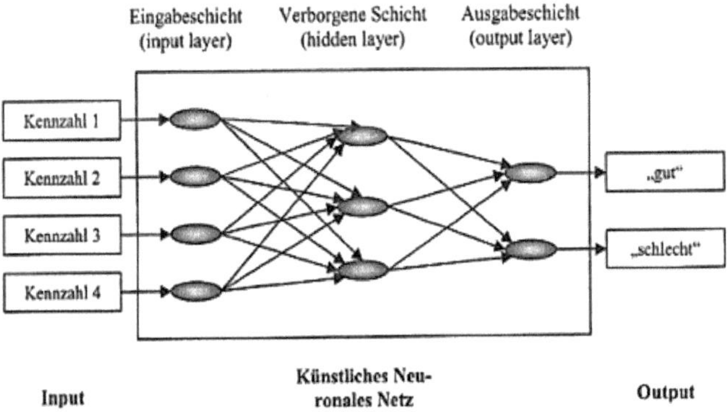

Abb. 12: Aufbau künstlich neuronaler Netze. Quelle: entnommen aus Lautenschlager, P. [Problemkredite, 2000], S. 204.

Expertensysteme

Intelligente Computersysteme, die eine Wissensbasis nutzen, um komplexe Probleme zu lösen, werden als Expertensysteme bezeichnet. Die Wissensbasis als Kernstück des Expertensystems ist eine vorhandene Datenbank aus Fakten, Mustern und Regeln, die für den Problemlösungsprozess entscheidungsrelevant sind.[98] Regelbasierte Systeme sind eine spezielle Klasse von Expertensystemen. Mit Hilfe der Wissensbasis sind bestimmte Schlussfolgerungen möglich, wie beispielsweise aus dem Bereich der Kennzahlenanalyse:

---

98 Vgl. Schiller, B./Tytko, D. [Risikomanagement, 2001], S. 104, sowie Munsch, M./Weiß, B. [Rating, 2001], S. 58.

Wenn die Eigenkapitalquote kleiner als 12 Prozent ist, dann ist die Eigenkapitalausstattung des Unternehmens mit einem Sicherheitsfaktor von 90 Prozent schlecht.

Aufgrund der Tatsache, dass dieses Verfahren mit hunderten Bewertungs- und Klassifikationsregeln arbeitet, lassen sich unterschiedliche Analysesachverhalte problemlos in das Regelwerk aufnehmen.[99] Der Einsatz von Expertensystemen wird durch die hohe Komplexität des Entscheidungsproblems in der Regel nicht bei großen Firmenkunden angewendet. Das Expertensystem ist eher auf mittelständische Firmenkunden und Privatkunden zugeschnitten.

3.3 Rating

Als letztes vorgestelltes Verfahren ist das Rating der meist diskutierteste Ansatz zur Darstellung des Bonitätsrisikos. Die Änderung der Risikoeinstellung ist aufgrund der eingangs beschriebenen Situation der Banken unumgänglich. Die bisher vorgestellten Verfahren lieferten nur Ja- oder Nein-Entscheidungen, welche für ein effizientes Risikomanagement nicht mehr ausreichten. Die Kreditentscheidungen sollten durch die Einschätzung der zukünftigen Finanzkraft von Unternehmen erfolgen und nicht durch vergangenheitsbezogene Untersuchungen. Denn durch sie wird die Fähigkeit des Kreditnehmers, seinen Verpflichtungen nachzukommen, beeinflusst. Das Rating bietet die Möglichkeit, das Ausfallrisiko eines Kreditnehmers rechtlich, persönlich, unternehmerisch und monetär zu berücksichtigen.[100]

Nach der Klärung der Begrifflichkeit und der Ratingarten und -symbole wird der Aufbau von Ratingsystemen beschrie-

---

[99] Vgl. Munsch, M./Weiß, B. [Rating, 2001], S. 58.

[100] Vgl. Wolke, T. [Risikomanagement, 2008], S. 160.

ben. Im Anschluss daran wird der Zusammenhang zwischen der Ausfallwahrscheinlichkeit und dem Rating vorgestellt. Dem Ziel risikoadäquater Kreditkonditionen kommt man durch die Zuordnung kreditnehmerspezifischer Ausfallwahrscheinlichkeiten entscheidend näher.

3.3.1 Begriffsbestimmung

Seit Einführung der grundlegenden Reformen der Eigenkapitalunterlegung der Kreditinstitute nach Basel II haben Ratings eine enorme Bedeutung für alle Unternehmen gewonnen, da diese bei deutschen und internationalen Kreditinstituten eine grundlegende Determinante des Kreditzinses und somit ein wichtiger Faktor bei der Kreditvergabe sind. Somit bestimmt das Rating die Kreditkonditionen und den Kreditrahmen und ist zugleich ein Maßstab für die Krisenanfälligkeit. Schlechte Ratings können selbst Staaten in Refinanzierungsnöte bringen, wie sich während der globalen Finanzkrise nach 2009 zeigte. Doch was ist nun aber ein Rating?[101]

„Ratings sind eine Beurteilung der Bonität und entsprechen damit der Kreditwürdigkeit eines Unternehmens. Ratings sind damit Bewertungen, die die Fähigkeit eines Kreditnehmers beschreiben, seinen Zahlungsverpflichtungen, die er eingeht, in Zukunft nachzukommen“.[102]

Der Definition zufolge spielt die Bonitätseinschätzung eine zentrale Rolle. Bei den Ratingobjekten hingegen muss es sich nicht nur um Unternehmen, sondern kann es sich auch um Unternehmensanteile, Branchen, Länder oder festverzinsliche Wertpapiere handeln.

---

[101] Vgl. Gleißner, W./Füser, K. [Rating und Finanzierung, 2014], S. 18.

[102] Ebd., S. 18.

3.3.2 Ratingarten

Ratings werden für eine Vielzahl von Bewertungen genutzt. Aufgrund der hohen Anzahl an Varianten werden im Folgenden nur die gängigsten vorgestellt.

Solicited und Unsolicited Ratings

Ratings werden nach der Auftragsstellung eingeteilt. Grundsätzlich werden Ratingagenturen erst mit einem Auftrag zur Durchführung eines Ratings aktiv, welcher vom Unternehmen initiiert wurde. Diese Art des Ratings wird auch als *Solicited Rating* bezeichnet. Der Auftraggeber ist demnach das zu beurteilende Unternehmen, das der Ratingagentur alle benötigten Unterlagen zur Verfügung stellt. Vereinzelt werden aber auch sogenannte *Unsolicited Ratings* erstellt, bei dem die Initiative direkt von der Ratingagentur oder vom Investor ausgeht. Jedoch ist der Informationsgehalt wesentlich geringer, da diese Form des Ratings ohne Mitwirken des Unternehmens erstellt wird und ausschließlich veröffentlichte Informationen verarbeitet werden.[103]

Gleichwohl ist mit auftragslosen Ratings ein hoher Unsicherheitsfaktor verbunden, denn es ist regelmäßig zu beobachten, dass solche Ratings aufgrund von „Sicherheitsabschlägen" tendenziell schlechtere Ergebnisse ausweisen als Auftragsratings.[104]

Emissions- und Emittentenrating

Während bei den Solicited und Unsolicited Ratings der Auftraggeber im Vordergrund steht, widmet sich das Emissions- und Emittentenrating dem Ratingobjekt.

---

[103] Vgl. Munsch, M./Weiß, B. [Rating, 2001], S. 25.

[104] Vgl. Eisen, M. [Haftung und Regulierung, 2007], S. 107.

Für die Differenzierung von Ratingarten in Bezug auf das Ratingobjekt ist die Abgrenzung von Emissionen (Finanztitel) und Emittenten wichtig. *Emissionsratings* beziehen sich auf die Einschätzung der Qualität einzelner Finanztitel, wie beispielsweise Schuldverschreibungen, und sind auf den internationalen Kapitalmärkten ein häufig anzutreffendes Instrument. Obwohl die Bonität des Emittenten hierbei eine entscheidende Rolle spielt, können einzelne Schuldverschreibungen desselben Emittenten unterschiedliche Ratings erhalten. Der Grund für die unterschiedlichen Ergebnisse liegt in den Ausstattungsmerkmalen der Schuldverschreibungen, zu denen die Besicherung, die Erst- oder Nachrangigkeit, zusätzliche Rechte, die Laufzeit und Bedingungen für Zins- und Tilgungszahlungen gehören.[105]

Im Gegensatz zum Emissionsrating, bei dem einzelne Finanztitel beurteilt werden, bezieht sich das *Emittentenrating* auf die allgemeine Fähigkeit eines Emittenten/Unternehmens, seinen Zahlungsverpflichtungen rechtzeitig nachzukommen. Somit stellen diese eine Grundlage für Emissionsratings dar.[106]

Unternehmensrating

Das Unternehmensrating betrachtet, analog zum Emissions- und Emittentenrating, das Ratingobjekt. Der Begriff des Unternehmensratings ist durch die in Deutschland neugegründeten Ratingagenturen geprägt. Das Ziel ist die Abschätzung der Bonität des Unternehmens, wobei sich der Prozess auf die Beurteilung eines Unternehmens als Ganzes bezieht. Gerade für Kreditinstitute wirkt sich die Veränderung der Bonität auf die Eigenkapitalunterlegung besonders aus. Insofern kommt dem Unternehmensrating eine heraus-

---

105 Vgl. Munsch, M./Weiß, B. [Rating, 2001], S. 25 f.

106 Vgl. ebd., S. 26.

ragende Rolle für Kreditinstitute zu. Im weiteren Sinne kann das Unternehmensrating mit dem Emittentenrating verglichen werden, wobei sich das Emittentenrating eher durch eine kapitalmarktorientierte Bonitätsbeurteilung mit Hilfe von großen Ratingagenturen auszeichnet. [107]

Externe und interne Ratings

In der letzten Einteilung des Ratings wird zwischen dem Ratingersteller unterschieden. Seit der Umsetzung des Rahmenwerkes Basel II haben externe Ratings an Bedeutung gewonnen, weil sie zur Bestimmung aufsichtsrechtlicher Eigenkapitalanforderungen dienen.[108] Bei einem externen Rating erfolgt die Einschätzung der Bonität durch eine unabhängige Ratingagentur, wie Standard & Poor‘s[109], Moody‘s[110] oder Fitch[111], die von dem Unternehmen selbst beauftragt wurden. Der Nutzen des externen Ratings liegt in der Informationsversorgung von Investoren und ist somit eine unabdingbare Zugangsvoraussetzung für Finanzierungen am Kapitalmarkt. Die Bonitätsurteile der führenden internationalen Ratingagenturen werden in Form von Ratingsymbolen ausgedrückt (siehe Tabelle 3).

Eine falsche Ratingbeurteilung durch eine Ratingagentur kann sowohl für Unternehmen als auch für Staaten katastrophale Auswirkungen haben, da die Ergebnisse veröffentlicht

---

[107] Vgl. Munsch, M./Weiß, B. [Rating, 2001], S. 26.

[108] Vgl. Gleißner, W./Füser, K. [Rating und Finanzierung, 2014], S. 24.

[109] Moody‘s Investors Service (kurz: Moody‘s) wurde 1900 von John Moody gegründet. Seit 1991 eröffnet die erste Geschäftsstelle in Deutschland.

[110] Die Wurzeln von Standard & Poor‘s reichen zurück bis ins Jahr 1860. Im Januar 1992 eröffnete die Agentur das erste Büro in Frankfurt am Main.

[111] Fitch Ratings (kurz: Fitch) wurde 1913 von John Knowles Fitch gegründet.

werden. Diese Folgen können bei bankinternen Bonitätsbeurteilungen nicht auftreten, weil es sich hierbei um nichtöffentliche Ergebnisse handelt, die durch das Bankgeheimnis geschützt sind.[112]

Im Kreditgeschäft der Kreditinstitute stehen dennoch die bankinternen Ratingverfahren im Mittelpunkt. Als interne Ratings wird das bankenspezifische Unternehmensrating bezeichnet.[113] Hierbei schätzt das Kreditinstitut die zukünftige Bonität respektive die Ausfallwahrscheinlichkeit eines Kreditnehmers. Insofern dienen die internen Ratingsysteme der Klassifizierung der Kreditnehmer. Gleichwohl dient das interne Rating zur Kalkulation von sogenannten Standardrisikokosten.[114]

3.3.3 Ratingsymbole und ihre Bedeutung

Bisher erfolgte die Vorstellung des Ratingbegriffs und der verschiedenen Arten des Ratings. Im Folgenden wird erläutert, wie ein Ratingergebnis aussehen kann und welche Aussagen davon abgeleitet werden können.

Das Ratingurteil ist das Ergebnis eines Ratingprozesses. In diesem Ratingurteil werden nicht nur quantitative Informationen, wie z.B. die Verfahren der Bilanz- und Finanzanalyse, sondern auch qualitative Informationen des Unternehmens nach einem bestimmten Schema gewichtet und in eine Kennzahl überführt. Unternehmen mit einer marginal abweichenden Bonität werden zu einer Risikoklasse zusammengefasst.[115] Diese Kennzahl reflektiert die Wahrschein-

---

[112] Vgl. Gleißner, W./Füser, K. [Rating und Finanzierung, 2014], S. 24.

[113] Vgl. Guserl, R./ Pernsteiner, H. [Finanzmanagement, 2011], S. 326.

[114] Vgl. Munsch, M./Weiß, B. [Rating, 2001], S. 60.

[115] Vgl. Keiner, T. [Rating, 2001], S. 15, sowie Reichling, P./Bietke, D./Henne, A. [Risikomanagement, 2007], S. 44 ff., sowie Grunwald, E./Grunwald, S. [Bonitätsanalyse, 2008], S. 155.

lichkeit eines Kreditnehmers seinen Zahlungsverpflichtungen perspektivisch nachzukommen.[116] Dabei verwenden die Ratingagenturen ihre eigenen Symbole, wobei sich diese vom Aufbau her sehr ähneln. Im Allgemeinen bilden die Ratingagenturen die einzelnen Ratingklassen durch Buchstabenkombinationen ab. Durch die klare Gliederung ist eine schnelle Verständlichkeit gegeben.[117]

S & P	Moody`s	Fitch	Klassenbeschreibung	
AAA	Aaa	AAA	Sehr gut: Höchste Bonität, nahezu kein Ausfallrisiko	Investment Grade
AA+ AA AA-	Aa1 Aa2 Aa3	AA+ AA AA-	Sehr gut bis gut: Hohe Zahlungswahrscheinlichkeit; geringes Ausfallrisiko	
A+ A A-	A1 A2 A3	A+ A A-	Gut bis befriedigend: Angemessene Deckung von Zins und Tilgung; Risikoelemente vorhanden, die sich bei Veränderung des wirtschaftlichen Umfelds negativ auswirken	
BBB+ BBB BBB-	Baa1 Baa2 Baa3	BBB+ BBB BBB-	Befriedigend: Angemessene Deckung von Zins und Tilgung; spekulative Elemente oder mangelnder Schutz gegen Veränderungen des wirtschaftlichen Umfelds vorhanden	
BB+ BB BB-	Ba1 Ba2 Ba3	BB+ BB BB-	Ausreichend: Mäßige Deckung von Zins und Tilgung (auch in einem guten wirtschaftlichen Umfeld)	Speculative Grade
B+ B B-	B1 B2 B3	B+ B B-	Mangelhaft: Geringe Deckung von Zins und Tilgung	
CCC CC	Caa ca	CCC CC	Ungenügend: Niedrigste Qualität; akute Gefahr des Zahlungsverzugs	
SD/D	C	DDD DD D	Zahlungsunfähig: In Zahlungsverzug	

Tab. 3: Ratingnotationen der führenden internationalen Ratingagenturen
Quelle: Entnommen aus Reichling, P./Bietke, D./Henne, A. [Risikomanagement, 2007], S. 68.

116 Vgl. Gleißner, W./Füser, K. [Rating und Finanzierung, 2014], S. 18.
117 Vgl. Munsch, M./Weiß, B. [Rating, 2001], S. 15.

Tabelle 3 zeigt eine Übersicht der verschiedenen Ratingklassen der weltweit bekanntesten Ratingagenturen. Außerdem beschreibt sie die mit den Ratingsymbolen verbundene Einschätzung der Ausfallwahrscheinlichkeit.

Jeder einzelnen Ratingklasse ist eine mathematisch-statistische Ausfallwahrscheinlichkeit zugeordnet und ist somit als Risikomaß zu interpretieren.[118]

3.3.4 Grundsätzlicher Aufbau von internen Ratingsystemen

Bisher wurden grundlegende Begriffe erklärt und das Rating als besonderes und bedeutendes Bonitätsanalyseinstrument vorgestellt. Nachfolgend wird die Funktionsweise eines Ratingverfahrens und die damit verbundenen Informationen, die von den Unternehmen benötigt werden, beschrieben. Dabei geht es um die Frage, welche Informationen eine möglichst effektive Trennung zwischen zukünftig solventen und insolventen Unternehmen gewährleiten. Zweifelsohne sind nicht nur die zur Verfügung gestellten Informationen, sondern auch die Methodik der Ratingerstellung von entscheidender Relevanz, da die Qualität der Bonitätsbeurteilung des Unternehmens letztendlich von der zugrundeliegenden Methodik abhängt. In diesem Zusammenhang kann konstatiert werden, dass der Output, also das Ratingurteil, nur so gut sein kann wie der Input.

Notwendige Informationen

Zur Einschätzung der Kreditwürdigkeit ihrer Unternehmens- und Privatkunden verfügen die meisten Banken über interne Bonitätsverfahren. Diese internen Verfahren sind auch notwendig, da die veröffentlichten Ratings der Ratingagenturen

---

[118] Vgl. Gleißner, W./Füser, K. [Rating und Finanzierung, 2014], S. 27.

nur für relativ große und somit kapitalmarktorientierten Unternehmen verfügbar sind. Da die deutsche Unternehmenslandschaft gerade von mittelständischen Unternehmen geprägt ist, die keine öffentlich handelbaren Anleihen emittieren, werden diese auch nicht von großen Ratingagenturen bewertet.[119] Für die Erstellung eines Ratings werden diverse externe und interne Informationen eines Unternehmens genutzt. Diese Informationen werden je nach Unternehmensgröße und der Höhe des zu vergebenden Kredites mit unterschiedlicher Intensität geprüft.

Das Ratingsystem ist modular aufgebaut und setzt sich aus mehreren Modulen zusammen: die quantitativen und qualitativen Faktoren sowie Warnindikatoren und gegebenenfalls Aspekte von Haftungsverbünden. Dabei fließen nicht nur vergangenheitsbezogene, sondern auch aktuelle und zukunftsgerichtete Faktoren mit erheblicher Bedeutung für die Unternehmensentwicklung in das Rating ein.[120]

Die quantitativen Faktoren, worunter die Kennzahlen des Jahresabschlusses zu subsummieren sind, haben allgemein im Rahmen der Ratingsysteme ein hohes Gewicht und sind somit ein wichtiger Bestandteil interner Ratingverfahren. Traditionell fließen dabei die Kennzahlen der Vermögens-, Finanz- und Ertragslage mit in die Ratingnote ein. Jahresabschlüsse erlauben gemäß empirischer Untersuchungen der Kreditinstitute eine gute Bonitätsaussage, jedoch besitzen sie den Nachteil, vergangenheitsbezogene Daten zu reflektieren. Damit auch zukunftsbezogene Unternehmensdaten Berücksichtigung finden, werden weitere Merkmale wie Planzahlen, Branchenzugehörigkeit, unterjährige Geschäftszahlen, Dauer

---

[119] Vgl. Hull, J. [Risikomanagement, 2011], S. 347.

[120] Vgl. Initiative Finanzstandort Deutschland [Rating-Broschüre, 2010], S. 12, sowie Baseler Ausschuss für Bankenaufsicht [Eigenkapitalvereinbarung, 2001], S. 54.

der Geschäftsbeziehung und Daten aus Auskunfteien in das Rating einbezogen.[121]

Neben Ergebnissen aus der quantitativen Analyse verlangt die Bankenaufsicht auch die Bewertung von qualitativen Faktoren, wie zum Beispiel:

- Markt- und Wettbewerbssituation des Kunden,
- Organisationsstrukturen,
- Managementqualität,
- Bestehen von Nachfolgeregelungen,
- Informationsverhalten gegenüber dem Kreditinstitut,
- Prognosequalität der Unternehmensplanung,
- Verhalten der Kontoführung.[122]

Danach kann festgestellt werden, dass nur solche Merkmale von Bedeutung sind, deren wirtschaftliche Konsequenzen sich nicht oder noch nicht hinreichend in den Zahlen des Jahresabschlusses niederschlagen.

Als dritter Einflussfaktor werden Warnindikatoren betrachtet, die selten auftreten, aber bonitätsrelevante Merkmale darstellen. Sofern solche Merkmale dennoch auftauchen, stellen sie ein klares Indiz für eine erhöhte Ausfallgefahr des Engagements dar. Darunter fallen zum Beispiel Verstöße gegen kreditvertragliche Vereinbarungen, Scheck- und Wechselproteste oder nicht vertragskonformes Kontoführungsverhalten. Mit Hilfe dieser Warnindikatoren kann schon in einem sehr frühen Stadium eine Maßnahme zur Abwendung von Kreditausfällen eingeleitet werden.[123]

---

121 Vgl. Initiative Finanzstandort Deutschland [Rating-Broschüre, 2010], S. 13.

122 Vgl. Initiative Finanzstandort Deutschland [Rating-Broschüre, 2010], S. 14.

123 Vgl. ebd.

Bei der Analyse von Haftungsverbünden wird zusätzlich untersucht, ob die Ausfallwahrscheinlichkeit eines Engagements auch von der Art der Einbindung des Kunden in eine Gruppe oder in einen Konzern abhängen kann. Sofern ein bonitätsstarkes Unternehmen seine Tochtergesellschaft auch in Krisenzeiten monetär unterstützt und sich optional auch rechtlich dazu verpflichtet, umso größer ist die Wahrscheinlichkeit, dass das Kreditinstitut das Rating der Kunden bonitätsverbessernd anpasst.

In der Praxis werden dazu Patronatserklärungen oder Ergebnisabführungsverträge mit der Muttergesellschaft vereinbart, um einen höheren Kreditrahmen und bessere Kreditkonditionen zu erlangen.[124]

Funktionsweise eines Ratingverfahrens

Für Außenstehende sind die von den Kreditinstituten eingesetzten Ratingverfahren selten transparent. Die Verfahren dienen dazu, zu einem effizienten und statistisch fundierten Rating zu gelangen. Doch dafür benötigen die Kreditinstitute eine große Grundgesamtheit an Kreditengagements mit vergangenheitsbezogenen Informationen über Bilanzen, Branchenstatistiken, Kontoführungsverhalten usw.

In der Praxis werden in der Regel 10.000 Kreditengagements benötigt, um statistische Aussagen treffen zu können.. Das Ziel eines trennscharfen Verfahrens kann allerdings nur erreicht werden, wenn sich unter der Grundgesamtheit eine ausreichende Anzahl „schlechter" Kreditnehmer befindet.

Jedoch treten Insolvenzen im Verhältnis zu allen Kreditengagements nur selten auf, deshalb liegen Informationen „schlechter" Kreditnehmer nur sehr gering vor. In der Praxis wird dieses Problem durch sogenannte Gruppenlösungen

---

[124] Vgl. ebd.

bereinigt. Darunter werden gemeinsame Projekte der Sparkassen oder Volks- und Raiffeisenbanken mit ihren jeweiligen Verbänden verstanden. Somit wird ein statistisch valides Rating aufgebaut, das durch die Sammlung der Daten zahlreicher Sparkassen oder Volks- und Raiffeisenbanken entsteht.[125] Aus der Grundgesamtheit und den daraus gebildeten Kennzahlen werden diejenigen selektiert, die eine Trennung zwischen „guten" und „schlechten" Kreditnehmern zulassen.[126]

Für diese Trennung kommen statistische Verfahren, die bereits im Vorfeld beschrieben wurden, oder eine Kombination aus mehreren Verfahren zum Einsatz. Als Praxisbeispiel für die Kombination statistischer Verfahren kann die Deutsche Bundesbank genannt werden. Diese nutzt branchenspezifische Diskriminanzanalysen zur Auswertung der Daten und ein branchenübergreifendes Expertensystem zur Nachbearbeitung, um eine Verbesserung der Trennschärfe zu erzielen.[127]

Anforderungen an interne Ratingsysteme nach Basel II

Kreditinstitute müssen bei Anwendung der IRB-Ansätze nach Basel II diverse Mindestanforderungen einhalten, die vom Baseler Ausschuss festgelegt wurden. Die Mindestanforderungen werden dabei in elf verschiedenen Abschnitten[128] mit entsprechenden Inhalten behandelt. Mit der An-

---

125 Vgl. Munsch, M./Weiß, B. [Rating, 2001], S. 60 f., sowie Rolfes, B./Balica, C. J. [Ausfallrisiken, 2001], S. 94 ff.

126 Vgl. Schulte, M./Horsch, A. [Banksteuerung, 2002], S. 102 f.

127 Vgl. Munsch, M./Weiß, B. [Rating, 2001], S. 61, sowie Deutsche Bundesbank, [Monatsbericht 09/2004], S. 62.

128 Darunter zählen: (a) Aufbau der Mindestanforderungen, (b) Erfüllung der Mindestanforderungen, (c) Ausgestaltung des Ratingsystems, (d) Anwendung des Ratingsystems, (e) Verantwortung der Geschäftsleitung und Überwachung, (f) Verwendung der internen Ratings, (g)

wendung von internen Ratingverfahren unterliegen die Kreditinstitute einem komplexen Regelwerk, was allein die elf verschiedenen Abschnitte implizieren. Dadurch soll erreicht werden, dass die Kreditinstitute in der Lage sind, (...) die Risiken in einer konsistenten, glaubwürdigen und zutreffenden Weise zu klassifizieren und zu quantifizieren."[129]

Inhaltlich ist die Anforderung an die Ausgestaltung des Ratingsystems in einem der elf Abschnitte enthalten. Der Baseler Ausschuss fordert, dass ein Ratingsystem aus zwei eigenständigen, separaten Komponenten bestehen muss. Darunter fallen das Ausfallrisiko des Schuldners und die transaktionsspezifischen Faktoren. Zu letzterem zählen beispielsweise Nachrangigkeit, Sicherheiten oder Produktart. Insofern werden mit diesen Anforderungen das Bonitätsrisiko als Risiko betrachtet, aber andererseits auch das Risiko untersucht und berücksichtigt, das mit der jeweiligen Produkt- und Sicherungsart verbunden ist.[130]

Gleichwohl fordert der Baseler Ausschuss eine sinnvolle Ratingstruktur. Darunter ist die Bildung von sieben Ratingklassen für nicht ausgefallene Schuldner und eine Klasse für ausgefallene Schuldner zu verstehen. Dabei sollten Klumpenrisiken in einzelnen Risikoklassen vermieden werden, denn eine sinnvolle Verteilung der Kredite über die Risikoklassen sichert eine zukunftsfähige Ausgestaltung der Ratingstruk-

---

Quantifizierung der Risiken, (h) Validierung der internen Schätzungen, (i) aufsichtliche Schätzwerte für die LGD und den EAD, (j) Berechnung der Eigenkapitalanforderungen für Beteiligungspositionen und (k) Offenlegungsanforderungen.

[129] Baseler Ausschuss für Bankenaufsicht [Eigenkapitalvereinbarung, 2003], Tz. 350, S. 80.

[130] Baseler Ausschuss für Bankenaufsicht [Eigenkapitalvereinbarung, 2003], Tz. 358–362, S. 81 f.

tur.[131] Die Kreditinstitute müssen über genau bezeichnete Ratingdefinitionen, Prozesse und Kriterien verfügen, um eine konsistente Zuordnung der Kredite zu den einzelnen Ratingklassen zu gewährleisten. Generell ist es bei der Zuordnung von Ratings zu Kreditnehmern zwingend notwendig, alle vorhandenen und relevanten Informationen zu berücksichtigen.[132]

3.3.5 Zusammenhang zwischen Ratings und Ausfallwahrscheinlichkeiten

In den beiden IRB-Ansätzen wird durch die bankinternen Schätzungen der Risikoparameter die Höhe der Eigenkapitalanforderungen einer Bank nach Basel II für jede Kreditforderung bestimmt. Diese werden aus den internen Bonitätseinstufungen abgeleitet. „Zu nennen sind hier die Ausfallwahrscheinlichkeit des Kreditnehmers (Probability of Default: PD) sowie, für den fortgeschrittenen IRB-Ansatz, die erwartete Verlustquote (Loss Given Default: LGD) und die Kredithöhe zum Zeitpunkt des Ausfalls (Exposure At Default: EAD).“[133] In diesem Kontext spricht man auch von der Kalibrierung des Ratingsystems. Somit korrespondiert jede Rating-Stufe mit einer statistischen Ausfallwahrscheinlichkeit. Wenn die geschätzten Ausfallwahrscheinlichkeiten nur marginal von den realisierten Ausfallraten abweichen, ist das zugrunde liegende Ratingsystem kalibriert.[134]

Es besteht eine positive Korrelation zwischen der Ausfallwahrscheinlichkeit und des Ratings. Dieser Zusammenhang wird durch die Abbildung 13 verdeutlicht:

---

131 Vgl.ebd., Tz. 365-368, S. 83.

132 Vgl.ebd., Tz. 372-373, S. 84.

133 Deutsche Bundesbank [Monatsbericht 09/2003], S. 64.

134 Vgl. ebd., S. 64.

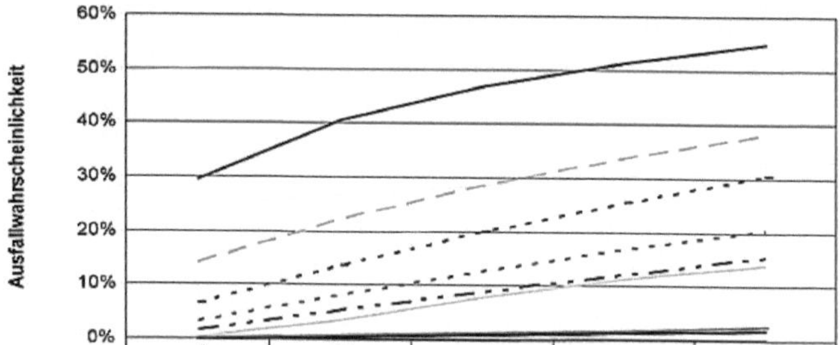

	1	2	3	4	5
I	0,000%	0,016%	0,065%	0,128%	0,205%
II	0,075%	0,500%	0,935%	1,380%	1,835%
III	0,124%	0,737%	1,348%	1,958%	2,567%
IV	0,800%	4,030%	7,100%	10,010%	12,760%
V	1,658%	5,444%	8,989%	12,295%	15,361%
VI	3,335%	8,206%	12,681%	16,760%	20,444%
VII	6,610%	13,600%	19,890%	25,480%	30,370%
VIII	14,022%	22,287%	28,612%	33,863%	38,311%
IX	29,550%	40,488%	46,886%	51,426%	54,947%

Jahre

Abb. 13: Ausfallwahrscheinlichkeiten der internen Ratingskala
Quelle: entnommen aus Vazza, D./Aurora, D./Schneck, R. [Annual 2005 Global Corporate Default Study, 2006], S. 16.

In der Regel werden die hinter den Ratingkategorien stehenden Ausfallwahrscheinlichkeiten für Ein-Jahreszeiträume angegeben. Für die Ermittlung der risikoadjustierten Kreditzinsen, die im nächsten Abschnitt beschrieben wird, ist das Wissen über die Ausfallwahrscheinlichkeit eine entscheidende Voraussetzung.

3.4 Zusammenfassende Beurteilung der vorgestellten Bonitätsanalyseverfahren

Getreu dem Sprichwort „Was Vorteile hat, hat auch Nachteile“ kann konstatiert werden, dass die bereits vorgestellten Bonitätsanalyseverfahren individuelle Vor- und Nachteile aufweisen. Der Nachteil der traditionellen Bonitätsanalyse liegt in dem subjektiven Einfluss des Kreditbearbeiters. Aufgrund dieser Tatsache ist keine standardisierte Bearbeitung der Engagements möglich und somit kann es vorkommen, dass wesentliche Kriterien unberücksichtigt bleiben. Außerdem ist dieses Verfahren sehr kosten- und zeitintensiv.[135]

Die Nachteile der traditionellen Bonitätsanalyse, fehlende Standardisierung und Objektivierung, können durch den Einsatz der Diskriminanzanalyse optimiert werden[136]. Aber auch dieses Verfahren birgt die Gefahr, dass die Auswahl der trennfähigen Kennzahlen subjektiven Einflüssen unterliegt, sofern nicht-lineare Zusammenhänge ausgeblendet wurden. Doch die größte Schwäche wird der Diskriminanzanalyse in Bezug auf die Bewertung der qualitativen Kriterien zugeschrieben.[137]

Der Vorteil von Expertensystemen ist wiederum die Bewertung der qualitativen Kriterien. Wie bereits beschrieben, nutzt die Deutsche Bundesbank daher die Kombination aus Diskriminanzanalyse und Expertensystem, um eine Verbesserung der Trennschärfe zu erzielen.[138] Doch auch das Expertensystem besitzt neben der Zeitersparnis und Standardisierung der Entscheidungen eine große Schwäche, die sich in der aufwendigen Wissensakquisition widerspiegelt.

Die vorgestellten neuronalen Netze weisen eine Vielzahl von Vorteilen aus. Dazu gehört die Fähigkeit, auch nicht-lineare Zusammenhänge zu erkennen, lückenhaftes Wissen zu verarbeiten und dynamische Veränderungen im Zeitablauf durch gezieltes Training der Netze zu berücksichtigen.[139]

---

135 Vgl. Schiller, B./ Tytko, D. [Risikomanagement, 2001], S. 98.

136 Vgl. ebd.

137 Vgl. ebd.

138 Vgl. Munsch, M./Weiß, B. [Rating, 2001], S. 61, sowie Deutsche Bundesbank, [Monatsbericht 09/2004], S. 62.

139 Vgl. Diederichs, M. [Risikomanagement, 2012], S. 163 ff.

4 Risikosteuerung – Kalkulation des Risikos im Kreditzins gemäß Basel II

Nachdem in den vorangegangenen Kapiteln die Grundlage für die Kalkulation des Risikos im Kreditzins gelegt wurde, werden im vierten Kapitel zunächst die Bestandteile des Kreditzinssatzes näher betrachtet, bevor die einzelnen Komponenten untersucht werden. Zur besseren Darstellung der Kalkulation wird jeweils eine Beispielrechnung der einzelnen Bestandteile durchgeführt und anschließend in eine Gesamtkalkulation übertragen.

4.1 Notwendigkeit einer risikoadäquaten Kreditkondition

Die Bepreisung von Kreditrisiken sollte möglichst risikoadäquat erfolgen.

Diese These ist weitgehend unumstritten und der Grundgedanke dabei ist das Verursacherprinzip. Dieses besagt, dass die Kosten einer wirtschaftlichen Aktivität von demjenigen zu tragen sind, der sie verursacht hat. Insofern muss der Kreditnehmer die durch ihn später anfallenden Kosten des Ausfalls selbst tragen. Diese Kosten spiegeln sich wiederum durch eine an sein Risiko angepasste Prämie wider.[140]

Jedoch tritt bei einer bonitätsunabhängigen Kreditkondition das Phänomen der Quersubventionierung auf. Das bedeutet, dass die Kunden mit guter Bonität einen zu hohen Preis zahlen, während Kreditkunden mit schlechter Bonität einen

---

[140] Vgl. Schiller, B./Tytko, D. [Risikomanagement, 2001], S. 211.

zu niedrigen Preis zahlen. Somit subventionieren die guten Kreditnehmer die Kreditkosten der schlechten Kreditnehmer und tragen teilweise deren Risikokosten mit. Risikoundifferenzierte Kreditkonditionen können langfristig zu einer Verschlechterung des Kreditportfolios führen, da Unternehmen mit guter Bonität irgendwann nicht mehr bereit sind einen Zins zu zahlen, der nicht ihrem Risiko entspricht. Auf der anderen Seite profitieren bonitätsmäßig schlechte Unternehmen, da sie im Vergleich zu ihrem Risiko eine vergleichsweise zu geringe Kreditkondition erhalten. Dies führt dazu, dass schlechte Kreditnehmer zu Kreditinstituten mit risikoundifferenzierten Kreditkonditionen zuwandern und bonitätsmäßig starke Kreditnehmer abwandern. Die Folgen eines solchen Szenarios wäre ein Kreditportfolio mit ausschließlich bonitätsschwachen Unternehmen.

4.2 Komponenten des Kreditzinses

Nachdem die Notwendigkeit einer risikodifferenzierten Kreditkondition herausgearbeitet wurde, folgt die Betrachtung der Komponenten des Kreditzinses.

Ein Kredit ist ein finanzwirtschaftliches Produkt, dessen Erstellung und Vertrieb mit Kosten verbunden sind. Wie bei jedem anderem Unternehmen auch müssen die Kosten einen angemessenen Preis reflektieren, der mindestens den *Herstellungskosten* entsprechen sollte, denn andernfalls erzielt das Kreditinstitut keine Gewinnmarge. Der Preis eines Kredits wird durch den Zinssatz ausgedrückt.[141] Der Kreditzinssatz besteht aus vier Kostenblöcken: Refinanzierungskosten, Eigenkapitalkosten, Standardrisikokosten und Betriebs- oder Verwaltungskosten (siehe Abbildung 14).

---

[141] Vgl. Schmeisser, W./Mauksch, C. [Finanzwirtschaft, 2005], S. 77.

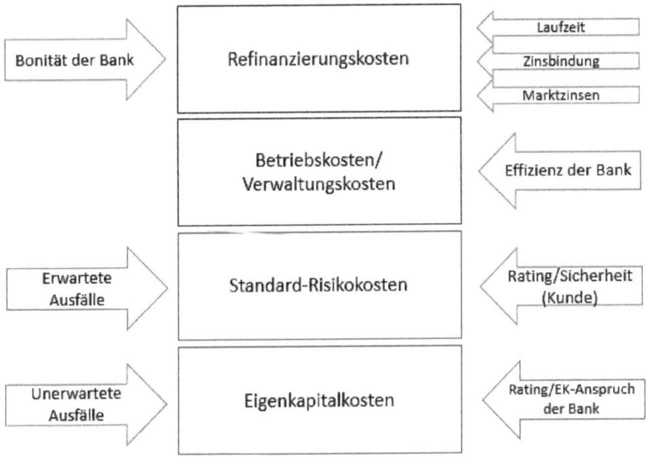

Abb. 14: Komponenten des Kreditzinssatzes
Quelle: Entnommen aus Guserl, R./Pernsteiner, H. [Finanzmanagement, 2011], S. 327.

Die Refinanzierungs- und Betriebskosten sind von der Bonität des Kreditnehmers unabhängig und somit relativ einfach zu ermitteln. Im Gegensatz dazu werden die Standard-Risikokosten und die Eigenkapitalkosten durch das Kreditrisiko bestimmt. Die Berechnung der Standard-Risikokosten erfolgt auf der Grundlage der erwarteten Verluste, wohingegen die Eigenkapitalkosten die Kosten der Eigenkapitalunterlegung für unerwartete Verluste darstellen. Bisher wurden nur die einzelnen Kosten betrachtet, jedoch möchte jedes Kreditinstitut auch Gewinne erwirtschaften. Dem zu Folge muss auch eine Gewinnmarge in den Kreditzins einfließen. Dennoch wird die Gewinnmarge in den nachfolgenden Betrachtungen nicht berücksichtigt. [142]

---

142 Vgl. Schmeisser, W. [Corporate Finance, 2010], S. 228.

Im weiteren Verlauf werden die Kreditkostenkomponenten durch eine Beispielrechnung veranschaulicht. Dabei soll der Kreditzins für 3 fiktive Unternehmen berechnet werden.

- Unternehmen 1 hat das Rating AAA,
- Unternehmen 2 von BB und
- Unternehmen 3 besitzt mit B die schlechteste Ratingnote.

Alle drei Unternehmen haben einen Kreditbedarf in Höhe von T€ 500. Bei den Krediten handelt es sich um endfällige Darlehen mit einer Laufzeit von einem Jahr. Die Zinsen werden bereits bei der Kreditauszahlung fällig. Das kreditgewährende Institut verfügt über eine einwandfreie Bonität, so dass eine Refinanzierung über den Geld- und Kapitalmarkt zum risikolosen Zins stattfinden kann.

4.2.1 Refinanzierungskosten

Den Ausgangspunkt für die Ermittlung der Kreditkonditionen bilden die Refinanzierungskosten. Dabei handelt es sich um diejenigen Kosten, die zur Refinanzierung des Kredites notwendig sind. Der Refinanzierungssatz entspricht dem am Geld- und Kapitalmarkt zu erzielenden Zins für eine Anlage mit gleicher Zinsbindung, Laufzeit und Währung. Demnach sind die aktuelle Zinsstruktur und die Laufzeit des Kredites die bestimmenden Faktoren des Refinanzierungssatzes.[143] Gleichwohl sind die Refinanzierungskosten vom eigenen Rating der Bank abhängig und somit auch indirekt von der Qualität der vergebenen Kredite.[144]

Die Refinanzierungskosten werden in der Beispielrechnung auf 2,00 Prozent festgelegt und wurden aus dem durchschnittlichen Zwölf-Monats-Euribor der letzten zehn Jahre berechnet (siehe Anhang):

---

143 Vgl. Lautenschlager, P. [Problemkredite, 2000], S. 150.

144 Vgl. Guserl, R./Pernsteiner, H. [Finanzmanagement, 2011], S. 327.

Unternehmen	1	2	3
Kreditbedarf	500.000,00 €	500.000,00 €	500.000,00 €
Rating	AAA	BB	B
Refinanzierungs-kosten	2%	2%	2%

Tab. 4: Refinanzierungskosten. Quelle: In Anlehnung an Schmeisser, W. [Corporate Finance, 2010], S. 221.

4.2.2 Betriebskosten

Zu den Betriebskosten zählen sämtliche vom Kreditantrag über die Verwaltung von Sicherheiten bis hin zur eventuellen Abwicklung eines Kredites anfallenden administrativen Kosten. Diese bonitätsunabhängigen Kosten für die Kreditbearbeitung bestehen zu einem großen Teil aus Fixkosten und variablen Gemeinkosten.[145] Zur Berechnung behilft man sich der prozessorientierten Standard-Einzelkostenrechnung. Bei dieser Methode liegt der Grundsatz in dem Verursacherprinzip, indem die Einzelkosten den jeweiligen Kostenträgern zugerechnet werden.[146] Kredite mit hohen Volumina verursachen durch einen erhöhten Bearbeitungsaufwand absolut gesehen mehr Betriebskosten, relativ gesehen sind jedoch die Betriebskosten bei geringen Volumina höher. Die Betriebskosten fallen bei jedem Kreditinstitut individuell aus, wobei die Höhe abhängig ist von der Effizienz der Banken. Der zunehmende Wettbewerb zwingt die Kreditinstitute durch effizientere und oftmals standardisierte Prozesse ihre Betriebskosten zu senken.[147]

---

[145] Gemeinkosten sind Kosten, die einem Kalkulationsobjekt nicht direkt bzw. nur anteilig zurechenbar sind.

[146] Vgl. Lautenschlager, P. [Problemkredite, 2000], S. 153, sowie Schiller, B./Tytko, D. [Risikomanagement, 2001], S. 213.

[147] Vgl. Schmeisser, W. [Corporate Finance, 2010], S. 222.

Für das Berechnungsbeispiel werden die Betriebskosten mit 0,5 Prozent angesetzt:

Unternehmen	1	2	3
Kreditbedarf	500.000,00 €	500.000,00 €	500.000,00 €
Rating	AAA	BB	B
Betriebskosten	0,50%	0,50%	0,50%

Tab. 5: Betriebskosten. Quelle: In Anlehnung an Schmeisser, W. [Corporate Finance, 2010], S. 222.

4.3 Standard-Risikokosten

4.3.1 Erwarteter Verlust

Im Kreditgeschäft kann es trotz sorgfältiger Bonitätsbeurteilungen zu Ausfällen von Zins- und Tilgungsleistungen des Kreditnehmers kommen. Dieses Risiko ist ein unvermeidbarer Bestandteil der Kreditgeschäfte, wobei die Übernahme von Risiken aus volkswirtschaftlicher Sicht sogar eine Aufgabe von Kreditinstituten darstellt.[148] Für die im Kreditgeschäft tätigen Kreditinstitute zählen Verluste aufgrund der Nichterfüllung von Zahlungsverpflichtungen oder von Ratingabstufungen ihrer Kreditengagements zu den geschäftsüblichen Ereignissen. Diese sind mit einer bestimmten statistischen Wahrscheinlichkeit vorhersehbar. Insofern können diese erwarteten Verluste nicht zusammen mit „echten“ Verlustüberraschungen als außerordentliche Aufwendungen verbucht werden, wie es in der Vergangenheit nicht selten der Fall war. Demnach sind die erwarteten Verluste differenziert von den unerwarteten Verlusten zu betrachten und als Bestandteil des ordentlichen Betriebsergebnisses von Kredit-

---

[148] Vgl. Schmeisser, W. [Corporate Finance, 2010], S. 316.

instituten anzusehen.[149] Diese beiden Ausprägungen des Kreditrisikos lassen sich sehr anschaulich in der Abbildung 15 visualisieren. Damit Kreditverluste mit einer statistischen Wahrscheinlichkeit vorhergesagt werden können, müssen die aufgetretenen Kreditverluste des Kreditportfolios der Vergangenheit statistisch analysiert und daraus eine Wahrscheinlichkeitsverteilung abgeleitet werden. Anhand der Abbildung 14 wird deutlich, dass die Verteilung der Kreditverluste nicht der Standardnormalverteilung (Gauß'sche Normalverteilung) entspricht. In der Statistik handelt es sich in diesem Fall um eine linkssteile bzw. rechtsschiefe Verteilung.

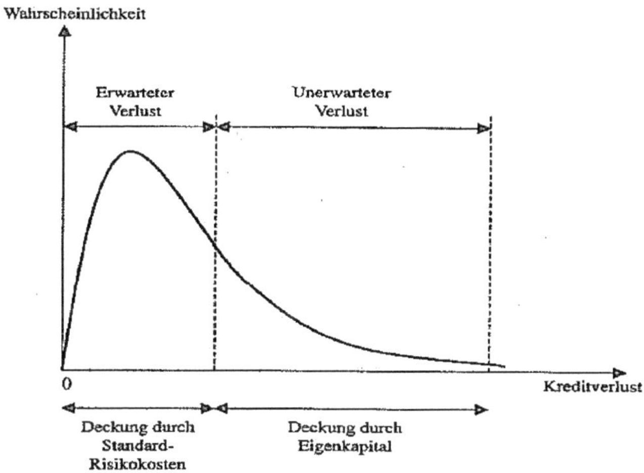

Abb. 15: Erwarteter und unerwarteter Verlust eines Kreditportfolios. Quelle: Entnommen aus Becker, H./Peppmeier, A. [Bankbetriebslehre, 2011], S. 511.

[149] Vgl. Schierenbeck, H./Lister, M./Kirmße, S. [Ertragsorientiertes Bankmanagement, 2008], S. 286.

Dieser asymmetrische Verlauf kann so interpretiert werden, dass kleinere Verluste relativ wahrscheinlich sind, hingegen größere Verluste vergleichsweise selten auftreten. Der erwartete Verlust entspricht dem statistischen Mittelwert bzw. arithmetischen Mittel.[150] Das hat zur Folge, dass der erwartete Verlust den durchschnittlich anfallenden Kreditverlust in einem Kreditportfolio darstellt. Dieser Verlust wird von den Kreditinstituten mittels Risikoprämie im Kreditzins gedeckt, da sie vorhersehbar sind.[151] Zusammenfassend handelt es sich bei den erwarteten Verlusten um Risikokosten, die bereits bei der Kreditvergabe berücksichtigt werden und in Form von Standard-Risikokosten das ordentliche Betriebsergebnis mindern.[152] Diese Art des Ausfallrisikos stellt im finanzwirtschaftlichen Sinne eigentlich kein Risiko dar. Die Abweichung zwischen den zukünftig unsicheren und den erwarteten Verlusten bildet das eigentliche Ausfallrisiko – den unerwarteten Verlust. Dieses Risiko ist durch entsprechende Eigenkapitalunterlegungen aufzufangen.[153]

Die Standard-Risikokosten sind als Kostenbestandteile der Kreditkalkulation systematisch zu berücksichtigen. Denn je genauer ein Kreditinstitut diese bestimmt, umso risikoadjustierter kann es die Kreditkonditionen vergeben und damit die Kreditverluste abfedern. Die Genauigkeit der Bestimmung hängt dabei von der gewählten Differenzierungsebene ab. Grundsätzlich können Standard-Risikokosten auf mindestens vier Ebenen bestimmt werden: auf der Ebene des gesamten Kreditgeschäfts, auf der Ebene einzelner Geschäftssegmente, einzelner Ratingstufen sowie auf der Ebene der

---

[150] Vgl. Schmeisser, W./Mauksch, C. [Finanzwirtschaft, 2005], S. 84.

[151] Vgl. Becker, H./Peppmeier, A. [Bankbetriebslehre, 2011], S. 511.

[152] Vgl. Schierenbeck, H./Lister, M./Kirmße, S. [Ertragsorientiertes Bankmanagement, 2008], S. 286.

[153] Vgl. Becker, H./Peppmeier, A. [Bankbetriebslehre, 2011], S. 511.

Einzelkunden. Auf der Ebene der Einzelkunden erfolgt eine Risikokalkulation, indem für jeden Einzelkunden ein eigenständiger Risikokostenzuschlag ermittelt wird.[154]

Auf der Ebene von Ratingstufen werden Kreditengagements der gleichen Ratingstufe mit einheitlichen Risikozuschlägen versehen. Die Mehrzahl der Kreditinstitute nimmt diese Differenzierungsebene als Kalkulationsgrundlage. Hierbei werden die Kreditnehmer einer Ratingklasse zugeordnet, wobei für die Kreditnehmer einer Ratingklasse einen einheitlichen Risikokostenzuschlag erhalten. Je differenzierter diese Ermittlung stattfindet, desto risikoadäquater erfolgt die Ermittlung der Standard-Risikokosten.[155] Um eine sinnvolle Verteilung der Kredite auf die Risikoklassen zu erreichen, muss das interne Rating der Kreditinstitute mindestens sieben Risikoklassen für nicht ausgefallene und eine Klasse für ausgefallene Kreditnehmer gebildet werden. Somit entstehen auch keine übermäßigen Konzentrationen und es wird eine Mindestdifferenzierung des Ausfallrisikos bei allen Kreditinstituten sichergestellt.[156]

Der erwartete Verlust (Expected Loss, EL) auf Einzelgeschäftsebene ergibt sich aus dem Produkt der kreditnehmerspezifischen Ausfallwahrscheinlichkeit (Probability of Default, PD), der erwarteten Höhe des Kreditengagements im Ausfallzeitpunkt (Exposure at Default, EAD) und der erwarteten Verlustquote[157]:

---

[154] Vgl. Schierenbeck, H./Lister, M./Kirmße, S. [Ertragsorientiertes Bankmanagement, 2008], S. 286.

[155] Vgl. ebd., S. 286 f.

[156] Vgl. Baseler Ausschuss für Bankenaufsicht [Eigenkapitalmessung und Eigenkapitalanforderungen, 2006], S. 102.

[157] Vgl. Schmeisser, W./Mauksch, C. [Kalkulation des Risikos, 2005], S. 302.

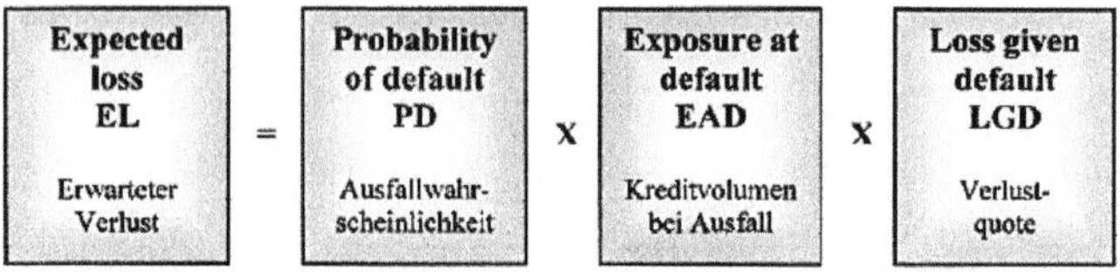

Abb. 16: Berechnung des erwarteten Verlustes.
Quelle: entnommen aus Schmeisser, W./Mauksch, C. [Kalkulation des Risikos, 2005], S. 302.

Die in Abb. 16 dargestellten Parameter zur Ermittlung des erwarteten Verlustes werden im Folgenden näher erläutert.

4.3.2 Allgemeine Aussagen zur Kreditverlustverteilung

Probability of Default

Die Ausfallwahrscheinlichkeit bezeichnet die erwartete Wahrscheinlichkeit, dass der Kreditnehmer innerhalb eines festgelegten Zeitraums ausfällt, und ist von der Bonität des Kreditnehmers abhängig. Basel II fordert von den Kreditinstituten Ausfallwahrscheinlichkeiten für den Zeitraum von einem Jahr. Damit dem jeweiligen Kreditnehmer eine möglichst individuelle Ausfallwahrscheinlichkeit zugeordnet werden kann, ist das zu wählende Bonitätsbeurteilungsverfahren ein entscheidender Faktor. Das Ratingverfahren, das in Abschnitt 3.3 näher erläutert wurde, wird dieser Anforderung gerecht.[158]

Während der gesamten Kreditlaufzeit wird die Ausfallwahrscheinlichkeit jedoch nicht immer konstant bleiben, denn eine Verschlechterung der Ertragslage eines Kreditnehmers

---

158 Vgl. Schmeisser, W./Mauksch, C. [Kalkulation des Risikos, 2005], S. 302.

kann zu einer Erhöhung der Ausfallwahrscheinlichkeit und somit zu einer Ratingverschlechterung führen. Mit Hilfe von Migrationsmatrizen kann das Risiko einer Ratingverschlechterung ermittelt werden.[159]

Exposure of Default

Das Kreditexposure stellt die erwartete Höhe des Kreditengagements im Ausfallzeitpunkt dar. Das Forderungsvolumen wird nur durch Tilgungszahlungen während der Laufzeit des Kredites reduziert. Diese Einflussgröße ist somit abhängig von der jeweiligen Kreditart. Dies wird deutlich, wenn ein Tilgungsdarlehen und ein endfälliges Darlehen hinsichtlich des EAD verglichen werden. Denn bei einem Tilgungsdarlehen ist nur der Betrag risikobehaftet, der nach Abzug der bereits geleisteten Tilgungen noch zur Disposition steht. Dagegen wird bei einem endfälligen Darlehen die komplette Darlehenssumme als Risiko angesetzt. Somit kann konstatiert werden, dass nicht nur die Kreditart, sondern auch die Restlaufzeit eines Kredites entscheidend ist. Ein Annuitätendarlehen mit einer 20-jährigen Zinsbindung hat im zweiten Jahr des Ausfalls einen wesentlich höheren EAD als im zehnten Jahr des Ausfalls.[160]

Das Kreditexposure bildet im Insolvenzfall den ersten Bezugsrahmen für die Kalkulation von Standard-Risikokosten. Im klassischen Kreditgeschäft werden alle noch ausstehenden Forderungen gegenüber des Kreditnehmers mit den Buchwerten gleichgesetzt. Wirtschaftlich gesehen ist diese Vorgehensweise jedoch falsch, da der Zeitwert des Geldes unberücksichtigt bleibt. Ökonomisch richtig wäre es, wenn die Bewertung der Forderung mit

---

[159] Vgl. Schmeisser, W./Mauksch, C. [Finanzwirtschaft, 2005], S. 87.

[160] Vgl. Schmeisser, W./Mauksch, C. [Kalkulation des Risikos, 2005], S. 303.

dem Barwert der ausstehenden Kundencashflows als maßgebende Bezugsgröße für den entstandenen Schaden erfolgen würde.[161]

Loss Given Default

Neben dem Kreditexposure hat die Verlustquote einen entscheidenden Einfluss auf den erwarteten Verlust. Der Begriff Loss Given Default beschreibt den uneinbringlichen Teil einer ausstehenden Kreditforderung nach der Zahlungsunfähigkeit des Kreditnehmers und wird demzufolge auch als Verlustquote bezeichnet. Die Höhe des uneinbringlichen Teils der ausstehenden Kreditforderung hängt nicht nur vom Vermögen des Schuldners zum Zeitpunkt des Ausfalls ab, sondern auch von der Rangstellung eventueller Sicherheiten und dem Erlös aus der Verwertung dieser. Das Gegenstück der Verlustquote stellt die Rückzahlungsquote (Recovery Rate) dar. Demnach fällt der Kreditverlust umso geringer aus, je höher die Rückzahlungsquote (sie schließt die Zinsen bei vollständiger Betrachtung mit ein) bzw. je geringer die Verlustquote ist. Zwischen den beiden letztgenannten Quoten besteht die mathematische Beziehung: RR = 1 - LGD.[162]

Das Instrument der Besicherung ist eine grundlegende Determinante für die Rückzahlungsquote. Sie eröffnen dem Kreditinstitut, die gestellten Sicherheiten zu verwerten und mit den daraus erzielten Verwertungserlösen die Kreditverluste zu reduzieren oder gänzlich zu vermeiden.[163]

---

161 Vgl. Schierenbeck, H./Lister, M./Kirmße, S. [Ertragsorientiertes Bankmanagement, 2008], S. 303.

162 Vgl. Schierenbeck, H./Lister, M./Kirmße, S. [Ertragsorientiertes Bankmanagement, 2008], S. 304, sowie Becker, H./Peppmeier, A. [Bankbetriebslehre, 2011], S. 399.

163 Vgl. Schierenbeck, H./Lister, M./Kirmße, S. [Ertragsorientiertes Bankmanagement, 2008], S. 304.

4.3.3 Berechnung der Standard-Risikokosten

Zur Berechnung der Standard-Risikokosten muss folglich der erwartete Verlust für die Beispielrechnung ermittelt werden. Dazu wird die kreditnehmerspezifische Ausfallwahrscheinlichkeit (PD), die erwartete Höhe des Kreditengagements im Ausfallzeitpunkt (EAD) und die erwartete Verlustquote (LGD) herangezogen. Da das Rating durch Basel II eine breite Anwendung in Kreditinstituten findet, wurde dieses Modell gewählt. Dabei ist nur die Ausfallwahrscheinlichkeit durch die Bank zu schätzen, weil die Berechnung gemäß IRB-Basisansatz erfolgen soll. Die anderen beiden Parameter des erwarteten Verlustes, EAD und LGD, können aus den Vorgaben der Bankenaufsicht entnommen werden.

In dem gewählten Ausgangsbeispiel wird das Unternehmen 1 in die Ratingklasse AAA, das Unternehmen 2 in BB und das Unternehmen 3 in die Klasse B eingestuft. Die Einstufungen beziehen sich auf das externe Rating von S & P. Weil aber das interne Rating zur Kalkulation der Standard-Risikokosten notwendig ist, muss zunächst eine Überleitung der externen Ratings von S & P in die Ratingklassen der Volks- und Raiffeisenbanken erfolgen.[164] Anhand der Überleitung kann abgelesen werden, dass das Unternehmen 1 das interne Rating 0a, Unternehmen 2 das Rating 2c und Unternehmen 3 das Rating 3b besitzt. Diese internen Ratingklassen der Volks- und Raiffeisenbanken entsprechen den jeweiligen Ausfallwahrscheinlichkeiten in Höhe von 0,01 Prozent, 1,10 Prozent und 6,00 Prozent. Die Verlustquote hingegen wird für alle 3 Unternehmen gemäß der Basel II mit 45 Prozent angesetzt.[165]

---

164 Überleitung der Ratings von S & P in die Ratingklassen der Volks- und Raiffeisenbanken siehe Anhang A2.

165 Vgl. Baseler Ausschuss für Bankenaufsicht [Eigenkapitalmessung und Eigenkapitalanforderungen, 2006],S. 76.

Da es sich um endfällige Darlehen handelt, entspricht das Kreditexposure der Höhe des ursprünglichen Darlehensbetrages von T€ 500. Unter der Annahmen, dass die Kredite in einem Jahr ausfallen, die Zinsen jedoch schon bei Kreditauszahlung vereinnahmt wurden, müssen die Kreditverluste mit dem Refinanzierungssatz abgezinst werden. Hintergrund sind die Kosten, die schließlich erst in einem Jahr anfallen.

Im Folgenden wird die Berechnung der Standardrisikokosten dargestellt:

Unternehmen	1	2	3
S & P - Rating	AAA	BB	B
Kreditbetrag	500.000,00 €	500.000,00 €	500.000,00 €
VR - Rating	0a	2c	3b
PD	0,03%	1,10%	6,00%
EAD	500.000,00 €	500.000,00 €	500.000,00 €
LGD	45%	45%	45%
Zinssatz für Abzinsung	2,00%	2,00%	2,00%
erwarteter Verlust = PD × EAD × LGD	= 0,03% × T€ 500 × 45% = 67,50 €	= 1,1% × T€ 500 × 45% = 2475 €	= 6 % × T€ 500 × 45% = 13.500 €
erwarteter Verlust (Barwert)	$= \frac{67{,}50\ €}{1{,}02}$ = 66,18 €	$= \frac{2475\ €}{1{,}02}$ = 2426,47 €	$= \frac{13.500\ €}{1{,}02}$ = 13.235,29€
Standard-Risikokosten	$= \frac{66{,}18\ €}{500.000\ €}$ **= 0,00013%**	$= \frac{2426{,}47\ €}{500.000\ €}$ **= 0,49%**	$= \frac{13.500\ €}{500.000\ €}$ **= 2,70%**

Tab. 6: Berechnung Standard-Risiko. Quelle: In Anlehnung an Schmeisser, W. [Corporate Finance, 2010], S. 226 f.

Die erwarteten Verluste und damit die Standard-Risikokosten der Kredite betragen 22,05 €, 2426,47 € und 13.500 €. Somit ergibt sich ein prozentualer Kostenanteil von *0,0044 Prozent* für das erste Unternehmen, *0,49 Prozent* für das zweite Unternehmen und *2,70 Prozent* für das dritte Unternehmen. Anhand dieser unterschiedlichen Ergebnisse wird ersichtlich, dass es eine Korrelation zwischen Standard-Risikokosten, Rating und dem Zinssatz gibt. Je schlechter das Rating eines Kreditnehmers, desto höher sind sowohl die Standard-Risikokosten als auch der Zinssatz.

4.4 Ermittlung der Eigenkapitalkosten

4.4.1 Eigenkapitalunterlegung des Kreditrisikos

Die Eigenkapitalkosten sind die letzte Komponente des Kreditzinses, die zu berücksichtigen sind. Sie basieren auf dem unerwarteten Verlust eines Kredites, der als das Ausmaß der Abweichung des tatsächlichen Verlustes von dem erwarteten Verlust interpretiert werden kann. Wie bereits festgestellt, stellen die unerwarteten Verluste das eigentliche Kreditrisiko der Kreditinstitute dar. Damit Kreditinstitute vor einer möglichen Insolvenz geschützt sind, müssen die unerwarteten Verluste mit Eigenkapital unterlegt werden. Insofern wird der Quantifizierung der Wahrscheinlichkeit und der Höhe der unerwarteten Verluste eine enorme Bedeutung zugeschrieben.[166]

Aufgrund der Tatsache, dass bei Marktrisiken relative Änderungen betrachtet werden und beim Kreditrisiko der Verlust in Geldeinheiten gemessen wird, kann das Value at Risk

---

166 Vgl. Schmeisser, W./Mauksch, C. [Finanzwirtschaft, 2005], S. 94, sowie Schmeisser, W. [Corporate Finance, 2010], S. 227, und Wolke, T. [Risikomanagement, 2008], S. 164 f.

Modell (VaR) zur Ermittlung des Ausfallrisikos nicht direkt transferiert werden. Durch die beim Kreditrisiko in Geldeinheiten gemessenen unerwarteten Verluste werden daher Credit Value at Risk genannt (CVaR). Der CVaR definiert sich als der maximal zu erwartende Verlust innerhalb eines Zeithorizonts, der mit einer bestimmten Wahrscheinlichkeit nicht überschritten wird. Analog zum VaR-Konzept ergibt sich das entsprechende Quantil durch Addition des unerwarteten Verlustes mit dem erwarteten Verlust. Dieser Zusammenhang ist für eine Sicherheitswahrscheinlichkeit von 99,87 Prozent in Abb. 17 dargestellt.[167]

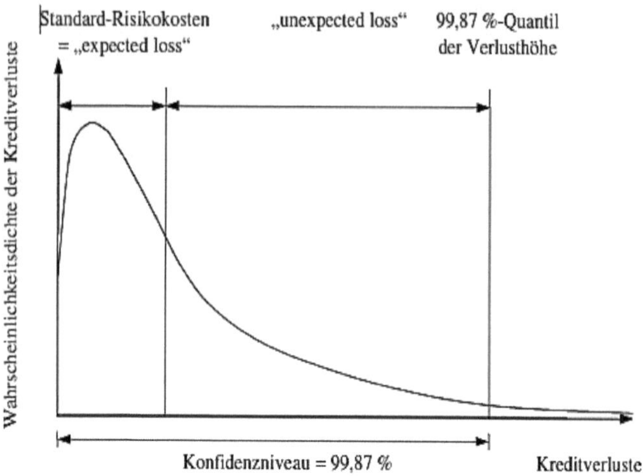

Abb. 17: Messung und Verteilung des Ausfallrisikos
Quelle: Entnommen aus Schierenbeck, H./Lister, M./Kirmße, S. [Ertragsorientiertes Bankmanagement, 2008], S. 156.

[167] Vgl. Wolke, T. [Risikomanagement, 2008], S. 164 f.

Da ausschließlich die negativen Abweichungen der Kreditverlustverteilung gemessen werden, gehört dieses Modell zu den Downside-Risikomaßen.[168]

Sowohl in der Theorie als auch in der Praxis besteht die Einigkeit dahingehend, dass Kreditverluste bei zu hohen durchschnittlichen Volumina oder bei geringen Stückzahlen eine immense asymmetrische Verteilung aufweisen und somit nicht normal verteilt sind. Die in der Abbildung 15 deutlich dargestellte rechtsschiefe Verlustverteilung ist umso ausgeprägter, je kleiner das Kreditportfolio ist. Dies basiert auf der Grundlage, dass bei einem einzelnen Kredit im Regelfall keine Verluste auftreten oder nur sehr geringe Verluste auftreten. Selten hingegen kommen betragsmäßig hohe Verluste vor.[169]

Das bedeutet unter anderem, dass sich die Quantifizierung des Kreditrisikos mit einem standardmäßigen Value at Risk-Ansatzes, aufgrund der nicht vorherrschenden Bedingung der Normalverteilung der Kreditverluste, sehr schwer gestaltet.

Damit dieses Phänomen berücksichtigt wird, kommen grundsätzlich Simulationsmodelle in Betracht, die nicht mit expliziten Verteilungsannahmen arbeiten müssen. Zu diesen Simulationsmodellen zählt unter anderem das sehr bekannte CreditRisk+™.[170]

Gemäß den Anforderungen von Basel II müssen Kreditinstitute die risikogewichteten Aktiva in Höhe von 8 Prozent mit aufsichtsrechtlichem Eigenkapital unterlegen. Diese Mindestkapitalanforderungen beziehen sich ausschließlich auf die

---

[168] Vgl. Becker, H./Peppmeier, A. [Bankbetriebslehre, 2011], S. 398.

[169] Vgl. Schierenbeck, H./Lister, M./Kirmße, S. [Ertragsorientiertes Bankmanagement, 2008], S. 290, sowie Wolke, T. [Risikomanagement, 2008], S. 165.

[170] Vgl. Schierenbeck, H./Lister, M./Kirmße, S. [Ertragsorientiertes Bankmanagement, 2008], S. 156.

Unterlegung von unerwarteten Verlusten mit Eigenkapital.[171] Beim bereits vorgestellten Standardansatz wird in Abhängigkeit vom externen Rating die Risikogewichtung von der Bankenaufsicht vorgegeben. Somit resultiert die jeweilige Eigenkapitalunterlegung aus dem Produkt des zugeordneten Risikogewichts mit dem Kreditvolumen (EAD) und dem Mindestkapitalkoeffizienten von 8 Prozent. Bei den extern unge*rate*ten Standardansatz-Positionen ergibt sich kein Unterschied zu Basel I, da hier das aufsichtsrechtliche Risikogewicht 100 Prozent beträgt. Somit wird es für Kreditinstitute mit Standardansatz keine wesentlichen Unterschiede zu den Eigenkapitalunterlegungen nach Basel I ergeben, da nur wenige Unternehmen in Deutschland über ein externes Rating verfügen.[172]

Zur Ermittlung der Eigenkapitalunterlegung nach dem IRB-Ansatz hingegen steht das interne Rating im Mittelpunkt. Dabei werden institutseigene Ratingsysteme zur Bestimmung der individuellen Ausfallwahrscheinlichkeit eingesetzt. Die Berechnung der Risikogewichtung nach dem IRB-Ansatz beruht auf dem Credit Value at Risk Konzept und erfolgt auf der Grundlage der einzelnen Kreditforderung und ergibt sich aus den aufsichtsrechtlichen Risikoparametern

- Ausfallwahrscheinlichkeit (PD),
- Verlustquote (LGD),
- Laufzeitfaktor M,
- Kreditnehmergröße S[173] und
- dem Kreditvolumen bei Ausfall (EAD)[174].

---

[171] Vgl. Baseler Ausschuss für Bankenaufsicht [Eigenkapitalmessung und Eigenkapitalanforderungen, 2006], Tz. 212., S. 58.

[172] Vgl. Breitenbach, G./Martin, M./Nolte, T. [Rating-Systeme, 2007], S. 152.

[173] Nur bei der Forderungsklasse Unternehmen.

Nachfolgende Abbildung veranschaulicht die Eigenkapitalunterlegung nach den IRB-Ansätzen:

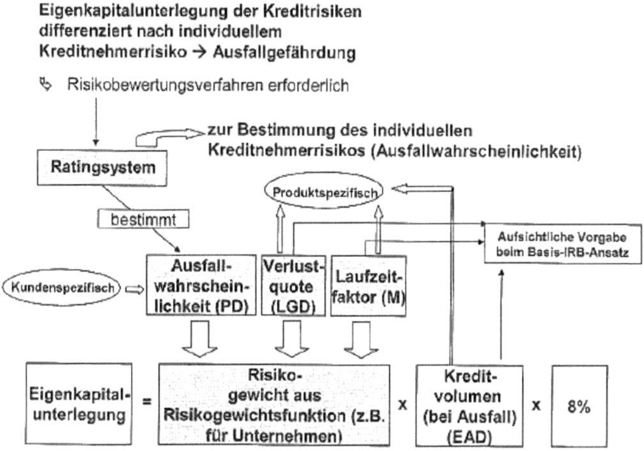

Abb. 18: Ermittlung der Eigenkapitalunterlegung nach den IRB-Ansätzen. Quelle: Entnommen aus Breitenbach, G./Martin, M./Nolte, T. [Rating-Systeme, 2007], S. 156.

Es muss allerdings eine Differenzierung zwischen dem IRB-Basisansatz und dem fortgeschrittenen Ansatz erfolgen. Beim IRB-Basisansatz wird der Wert für die Ausfallwahrscheinlichkeit (PD) institutsindividuell ermittelt, während die Verlustquote (LGD), das Forderungsvolumen bei Ausfall (EAD) und die Restlaufzeit M aufsichtsrechtlich vorgegeben werden. Den Kreditinstituten werden mathematische Risikogewichtungsfunktionen vorgegeben, um eine standardisierte Ermittlung der Risikofunktionen zu ermöglichen.

[174] Vgl. Breitenbach, G./Martin, M./Nolte, T. [Rating-Systeme, 2007], S. 153.

Um die Risikogewichtungsfunktionen anwenden zu dürfen, müssen die Kreditinstitute strenge inhaltliche und formale Mindestanforderungen an die Schätzung von Ausfallwahrscheinlichkeiten erfüllen.[175] Gleichwohl muss die PD für Unternehmens- und Bank-Exposures mindestens 0,03 Prozent betragen.[176] Vorrangige und nicht besicherte Forderungen an Unternehmen, Staaten oder Banken wird eine LGD von 45 Prozent zugewiesen. Nachrangige Forderungen hingegen erhalten eine LGD von 75 Prozent. Die Restlaufzeit M wird mit 2,5 Jahren angegeben. Sofern bankfähige Sicherheiten existieren, wird die Verlustquote (LGD) um den adjustierten Wert der Sicherheit zum adjustierten Wert des Exposures reduziert.[177]

Beim fortgeschrittenen IRB-Ansatz werden die Parameter durch institutseigene Schätzungen ermittelt.

Zusammenfassend kann konstatiert werden, dass die erforderliche Höhe der Unterlegung mit zunehmenden Komplexitätsgrad des angewendeten Verfahrens tendenziell abnimmt (siehe Abbildung 8). Andererseits erfordern die komplexeren IRB-Ansätze auch sehr hohe Anforderungen der Aufsicht, die mit hohen Investitionen in das Kreditrisikomanagement eines Instituts verbunden sind, damit alle Parameter aufsichtskonform geschätzt werden können.[178]

---

175 Vgl. Everling, O./Theodore, S. [Bankrisikomanagement, 2008], S. 284.

176 Vgl. Baseler Ausschuss für Bankenaufsicht [Eigenkapitalmessung und Eigenkapitalanforderungen, 2006], S. 75, Tz. 285.

177 Vgl. Hull, J. [Risikomanagement, 2011], S. 318.

178 Vgl. Breitenbach, G./Martin, M./Nolte, T. [Rating-Systeme, 2007], S. 156.

Für die Berechnung der Risikogewichtung für Kredite an Unternehmen gilt nach dem IRB-Basisansatz folgende Formel[179]:

$$RW(PD, LGD, M) = 12{,}5 \times \left[LGD \times N\left(\frac{G(PD)+\sqrt{R}(PD) \times G(0{,}999)}{\sqrt{1-R}(PD)}\right) - PD \times LGD\right] \times \frac{1+(M-2{,}5)\times b(PD)}{1-1{,}5\times b(PD)}$$

mit:

$$R(PD) = 0{,}12 \times \left(\frac{1-e^{-50\times PD}}{1-e^{-50}}\right) + 0{,}24 \times \left(1-\frac{1-e^{-50\times PD}}{1-e^{-50}}\right)$$

Für Unternehmen mit einem Jahresumsatz < 50 Mio. € gilt[180]:

$$R(PD) = 0{,}12 \times \left(\frac{1-e^{-50\times PD}}{1-e^{-50}}\right) + 0{,}24 \times \left(1-\frac{1-e^{-50\times PD}}{1-e^{-50}}\right) - 0{,}004 \times \left(1-\frac{S-5}{45}\right)$$

$$b(PD) = (0{,}11852 - 0{,}05478 \times \ln(PD))^2$$

Die Symbole haben folgende Bedeutung[181]:

- RW (PD, LGD, M) = Risikogewichtung
- N = Verteilungsfunktion der Standardnormalverteilung
- G (PD) = Inverse der Verteilungsfunktion
- R (PD) = Korrelationsfaktor

---

179 Siehe Steinbrügge, J. [Optimale Fremdfinanzierung, 2008], S.62 sowie Deutsche Bundesbank [Monatsbericht, 2004], Tz.72 S. 96.

180 Bei der Kreditvergabe an Unternehmen mit einem Jahresumsatz ≤ 50 Mio. € wird eine Komponente zur Verringerung der Risikogewichtung eingefügt. Es gilt jedoch eine Untergrenze i.H.v. 5 Mio. €.

181 Siehe Deutsche Bundesbank [Monatsbericht, 2004], S. 96.

- ln = natürlicher Logarithmus
- PD = Ein-Jahres-Ausfallwahrscheinlichkeit in Prozent
- LGD = Loss Given Default (Verlustquote)
- b (PD) = Restlaufzeitanpassung
- S = Jahresumsatz in Mio. €
- M = Restlaufzeit des Kredites

Der Parameter Kreditnehmergröße wird nur in der Forderungsklasse „Unternehmen" berücksichtigt. Durch die Differenzierung des Jahresumsatzes in Mio. € soll eine Erleichterung für kleine und mittlere Unternehmen darstellen (KMU). Nach § 91 SolvV handelt es sich hierbei um Unternehmen, deren Jahresumsatz nicht höher als 50 Mio. € beträgt. Bedingt durch den Erleichterungseffekt müssen Kreditinstitute für Kredite an KMU weniger Eigenkapital unterlegen. Diese Erleichterung hat gerade in Deutschland eine große Bedeutung, denn der Großteil der Unternehmen sind gemäß der Definition nach § 91 SolvV kleine und mittlere Unternehmen. Die Differenz der Risikogewichte zwischen großen Unternehmen und KMU bei sonst gleichen Parametern ergibt sich aus nachfolgender Grafik[182]:

182 Breitenbach, G./Martin, M./Nolte, T. [Rating-Systeme, 2007], S. 155.

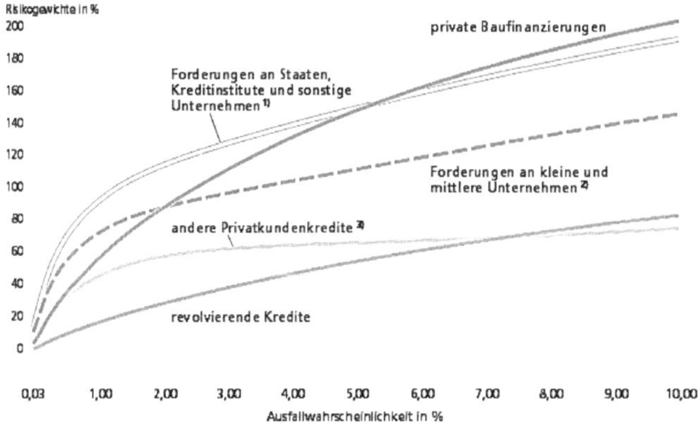

* Bei Annahme einer Verlustquote von 45%, ohne Berücksichtigung des Skalierungsfaktors von 1,06. — 1 Unternehmen ohne Kapitalerleichterung. — 2 Unternehmen mit Kapitalerleichterung (bis 50 Mio € Umsatz). — 3 Einschl. Kredite an kleine und mittlere Unternehmen mit einer Kreditsumme bis 1 Mio €.

Abb. 19: Risikogewichtskurven im internen Ratingansatz
Quelle: Entnommen aus Deutsche Bundesbank [Monatsbericht, 2004], S. 97.

4.4.2 Kosten des regulatorischen Eigenkapitals

Wie bereits erläutert, muss für die unerwarteten Verluste Eigenkapital vorgehalten werden. Diese Kosten des Eigenkapitals basieren auf der gewünschten Eigenkapitalverzinsung der Eigenkapitalgeber der jeweiligen Kreditinstitute und sind somit nicht kostenlos. Im Rahmen der Eigenkapitalunterlegung von Krediten nach §10 und §10 a KWG (Grundsatz 1) entstehenden Kosten werden an die Kreditnehmer weitergegeben. Doch jedem Kreditinstitut entstehen Opportunitätskosten, da das regulatorische Kapital risikolos und niedrigverzinslich vorgehalten werden muss. Außerdem erfolgt die Ermittlung der Eigenkapitalkosten üblicherweise auf dem Capital Asset Pricing Modell (CAPM), auf das im weiteren Verlauf nicht weiter eingegangen wird.[183]

---

[183] Vgl. Everling, O./Theodore, S. [Bankrisikomanagement, 2008], S. 281.

Zur Ermittlung der Kosten der Eigenkapitalunterlegung für ein Kreditinstitut wäre es notwendig, eine Analyse der Kosten der einzelnen Bestandteile des regulatorischen Eigenkapitals vorzunehmen. Weiterhin müsste eine steuerliche Abzugsfähigkeit der Zinszahlung für Anleihen und Genussscheine berücksichtigt werden.

Aufgrund der Komplexität und zur Begrenzung des Umfanges der Rechnung werden die regulatorischen Kosten des Eigenkapitals auf 9 Prozent geschätzt.

4.4.3 Berechnung der Eigenkapitalkosten

Anhand der drei Parameter Ausfallwahrscheinlichkeit, Verlustquote und Restlaufzeit des Kredites bemisst sich die Risikogewichtung. Wie bereits beschrieben, beträgt die Verlustquote im IRB-Basisansatz 45 Prozent[184] und die Restlaufzeit M 2,5 Jahre.[185] Beide Parameter sind aufsichtsrechtlich vorgegeben und müssen nicht bestimmt werden. Der Mindestkapitalanforderungssatz e beträgt 8 Prozent, wobei das regulatorische Eigenkapital KE mit 9 Prozent verzinst wird. Bei der folgenden Beispielrechnung handelt es sich um Unternehmen, die einen Jahresumsatz über 50 Mio. € ausweisen. Somit bleibt die Formel des Korrelationsfaktors R(PD) für kleine und mittlere Unternehmen mit einem Jahresumsatz unter 50 Mio. € unberücksichtigt. Die risikogewichteten Aktiva ergeben sich durch Multiplikation der Risikogewichtung RW[186] mit dem Forderungsvolumen bei Ausfall (EAD). Letzteres beträgt 100 Prozent, da es sich in der Beispielrechnung um ein endfälliges Darlehen handelt. Die Höhe der notwendigen Eigenkapitalunterlegung E wird

[184] Vgl. Baseler Ausschuss für Bankenaufsicht [Eigenkapitalmessung und Eigenkapitalanforderungen, 2006], Tz. 287, S. 75.

[185] Vgl. ebd., Tz. 318, S. 83.

[186] Detaillierte Berechnung siehe Anhang A 3.

durch die Multiplikation der risikogewichteten Aktiva mit dem Mindestkapitalanforderungssatz e berechnet. Letztlich wird das zu unterlegende Eigenkapital ins Verhältnis zur Kreditsumme gesetzt, so dass daraus die Eigenkapitalkosten in Prozent resultieren.

Die einzelnen Rechenschritte zur Bestimmung der Eigenkapitalkosten sind in nachfolgender Tabelle visualisiert:

Unternehmen	1	2	3
S & P - Rating	AAA	BB	B
Kreditbetrag	500.000,00 €	500.000,00 €	500.000,00 €
VR - Rating	0a	2c	3b
Jahresumsatz	60 Mio.	60 Mio.	60 Mio.
PD	0,03%	1,10%	6,00%
EAD	500.000,00 €	500.000,00 €	500.000,00 €
LGD	45%	45%	45%
M	2,5 Jahre	2,5 Jahre	2,5 Jahre
Mindestkapital-anforderung e	8,00%	8,00%	8,00%
Kostensatz des Eigenkapitals K_E	9,00%	9,00%	9,00%
RW (PD,LGD,M) Risikogewichtung	18,15%	95,47%	159,61%
Risikogewichtete Aktiva RWA= RW × EAD	`= 18,15% * T€ 500 = 90.750 €	`= 95,47% * T€ 500 = 477.350 €	`= 159,61 % * T€ 500 = 798.050 €
Eigenkapitalunterlegung E = RWA × e	`= 90.750 € * 8 % = 7.260 €	`= 477.350 € * 8 % = 38.188 €	`= 798.500 € * 8 % = 63.844 €
Verzinsung Eigenkapital = E × K_E	`= 7.260 € * 9 % = 653,40 €	`= 38.188 € * 9 % = 3436,92 €	`= 63.844 € * 9 % = 5745,96 €
Eigenkapitalkosten	`= 653,40 € / 500.000 € **= 0,13%**	`= 3436,92 € / 500.000 € **= 0,69%**	`= 5745,96 € / 500.000 € **= 1,15%**

Tab. 7: Berechnung Eigenkapitalkosten. Quelle: In Anlehnung an Schmeisser, W. [Corporate Finance, 2010], S. 231.

Im Berechnungsbeispiel bemessen sich die Eigenkapitalkosten auf 0,13 Prozent für Unternehmen 1, 0,69 Prozent für Unternehmen 2 und 1,15 Prozent für Unternehmen 3.

Daran ist zu erkennen, dass die Ausfallwahrscheinlichkeit (PD) eine bedeutende Einflussgröße bei der Berechnung des Risikogewichts und somit der Eigenmittelunterlegung darstellt.

4.5 Gesamtkalkulation

Nachdem alle Komponenten des Kreditzinses erläutert und für die einzelnen Unternehmen berechnet wurden, wird im Folgenden die Höhe des aus den vier Komponenten bestehenden Kreditzinses ermittelt. Aus diesen Komponenten des Kreditzinses lassen sich folglich die Zinssätze für die drei fiktiven Unternehmen ableiten:

Unternehmen	1	2	3
S & P - Rating	AAA	BB	B
Kreditbetrag	500.000,00 €	500.000,00 €	500.000,00 €
Refinanzierungskosten	2%	2%	2%
Betriebskosten	0,50%	0,50%	0,50%
Standardrisikokosten	0,00013%	0,49%	2,70%
Eigenkapitalkosten	0,13%	0,69%	1,15%
Kreditzins	2,63%	3,68%	6,35%

Tab. 8: Ermittlung Kreditzinssatz Basel II. Quelle: In Anlehnung an Schmeisser, W. [Corporate Finance, 2010], S. 231.

Für das Unternehmen 1 ergibt sich gemäß Basel II ein risikoadäquater Kreditzins in Höhe von 2,63 Prozent, für Unternehmen 2 in Höhe von 3,68 Prozent und für Unternehmen 3 in Höhe von 6,35 Prozent. Die unterschiedliche Höhe der Kreditzinsen ist auf die bonitätsabhängigen Kreditkosten, Standardrisiko- und Eigenkapitalkosten, zurückzuführen. Somit kann anhand der Beispielrechnung festgehalten werden, dass eine negative Korrelation zwischen dem Kreditzins und der Bonität des Schuldners besteht. Denn je schlechter die Bonität eines Schuldners ausfällt, desto höher ist dessen kalkulierter Zinssatz. Deutlich wird dieser Zusammenhang an der Differenz des Kreditzinses in Höhe von 3,72 Prozent zwischen Unternehmen 1 und 3.

4.6 Veränderungen in der Kreditkalkulation nach Basel III

Bisher wurden im Verlauf des Buches die einzelnen Komponenten des Kreditzinses Schritt für Schritt erläutert und ermittelt. Nach der Kalkulation des Risikos im Kreditzins gemäß Basel II stellt sich nun die Frage, ob die Einführung des Basel III-Rahmenwerkes eine Auswirkung auf die Kalkulation des Kreditzinses hat. Wie bereits im Vorfeld beschrieben, bringt die Einführung des Basel-III-Rahmenwerkes nicht nur eine Erhöhung der Qualität, sondern auch eine Erhöhung der Quantität der Eigenkapitalbasis der Kreditinstitute mit sich. Insofern werden ausschließlich die Eigenkapitalkosten betrachtet, da sich die anderen drei Komponenten nicht verändern. Nach der Betrachtung der veränderten Eigenkapitalkosten wird eine neue Gesamtkalkulation aufgestellt, die die Ergebnisse bezüglich des Kreditzinses sowohl nach Basel II als auch nach Basel III vergleichend betrachtet.

4.6.1 Eigenkapitalkosten

Wie in Kapitel 2 erläutert, steigen mit Einführung des Basel-III-Regelwerkes die quantitativen Kapitalanforderungen von 8 auf bis zu 13 Prozent im Jahre 2019. Unter Berücksichtigung des Kapitalerhaltungspuffers in Höhe von 2,5 Prozent belaufen sich die Anforderungen an das harte Kernkapital auf 7 Prozent, an das Kernkapital auf 8,5 Prozent und an das gesamte Eigenkapital auf 10,5 Prozent. Sofern die nationale Aufsichtsbehörde in einer Phase des extremen Kreditwachstums zusätzlich den Aufbau des antizyklischen Kapitalpuffers in Höhe von 2,5 Prozent anordnet, erhöht sich die Eigenkapitalanforderung auf 13 Prozent.[187]

Analog zu den Kosten des regulatorischen Eigenkapitals nach Basel II, müsste auch nach Basel III eine Analyse der Kosten der einzelnen Bestandteile des Eigenkapitals vorgenommen und anhand aktueller Kapitalmarktdaten abgeleitet werden. Insbesondere vor dem Hintergrund, dass die Basel-III-Regelungen erst im Jahre 2019 in vollem Umfang greifen, wird auf eine Ableitung auf Grundlage der aktuellen Kapitalmarktdaten verzichtet und die Kosten des regulatorischen Eigenkapitals gemäß Basel III auf 10,5 Prozent geschätzt. Denn es wird die Annahme getroffen, dass die Kreditinstitute die höheren Kosten bei der Kreditkalkulation an die Kunden weitergeben und nicht auf Schattenbanken ausweichen.

Unternehmen	1	2	3
S & P - Rating	AAA	BB	B
Kreditbetrag	500.000,00 €	500.000,00 €	500.000,00 €
VR - Rating	0a	2c	3b
Mindestkapital-anforderung e	13,00%	13,00%	13,00%
Kostensatz des Eigenkapitals K_E	10,50%	10,50%	10,50%
Risikogewichtete Aktiva RWA	90.750 €	477.350 €	798.050 €
Eigenkapitalunterlegung E = RWA × e	`= 90.750 € * 13% = 11.797,50 €	`= 477.350 € * 13 % = 62.055,50 €	`= 798.500 € * 13% = 103.805 €
Verzinsung Eigenkapital = E × K_E	`= 11.797,50 € * 10,5 % = 1238,74 €	`= 62.055,50 € * 10,5 % = 6515,83 €	`= 103.805€ * 10,5 % = 10.899,53 €
Eigenkapitalkosten gemäß Basel III	`= $\frac{1.238{,}74\ €}{500.000\ €}$ **= 0,25%**	`= $\frac{6.515{,}83\ €}{500.000\ €}$ **= 1,30%**	`= $\frac{10.899{,}53\ €}{500.000\ €}$ **= 2,18%**

Tab. 9: Berechnung Eigenkapitalkosten gemäß Basel III. Quelle: in Anlehnung an Schmeisser, W. [Corporate Finance, 2010], S. 231.

[187] Vgl. Deutsche Bundesbank [Basel III, 2011], S. 17 f.

Die Formel zur Ermittlung der Risikogewichtung RW wird durch das neue Regelwerk nicht berührt, und somit können die risikogewichteten Aktiva analog der Berechnungen gemäß Basel II übernommen werden. Die Erhöhung des Mindestkapitalanforderungssatzes e und die approximierten Kosten des regulatorischen Eigenkapitals KE führen zu der in der Tabelle 9 dargestelllten Änderung der Eigenkapitalkosten.

Somit ergibt die Kalkulation der Eigenkapitalkosten nach Basel III für die fiktiven Unternehmen 0,25 Prozent (Unternehmen 1), 1,30 Prozent (Unternehmen 2) und 2,18 Prozent (Unternehmen 3). Bei einem direkten Vergleich der Eigenkapitalkosten nach Basel II und III wird deutlich, dass Basel III nahezu eine Verdoppelung der Eigenkapitalkosten bewirkt:

Unternehmen	1	2	3
S & P - Rating	AAA	BB	B
Eigenkapitalkosten gemäß Basel II	0,13%	0,69%	1,15%
Eigenkapitalkosten gemäß Basel III	0,25%	1,30%	2,18%
Erhöhung in %	**92,31%**	**88,41%**	**89,57%**
Erhöhung in %-Punkten	**0,12 PP**	**0,61 PP**	**1,03 PP**

Tab. 10: Vergleich Eigenkapitalkosten nach Basel II und III

4.6.2 Gesamtkalkulation

Nachdem die Eigenkapitalkosten nach dem Basel-III-Rahmenwerk berechnet und vergleichend mit den Ergebnissen des Basel-II-Rahmenwerk gegenübergestellt wurde, wird folglich der Kreditzins für die Ausgangsrechnung gemäß Basel III neu bestimmt und analog zu den Eigenkapitalkosten vergleichend visualisiert. Wie bereits angemerkt, bleiben die anderen drei Bestandteile des Kreditzinses unverändert und somit ergibt sich die Gesamtkalkulation wie folgt:

Unternehmen	1	2	3
S & P - Rating	AAA	BB	B
Kreditbetrag	500.000,00 €	500.000,00 €	500.000,00 €
Refinanzierungskosten	2%	2%	2%
Betriebskosten	0,50%	0,50%	0,50%
Standardrisikokosten	0,00013%	0,49%	2,70%
Eigenkapitalkosten	0,25%	1,30%	2,18%
Kreditzins gemäß Basel III	**2,75%**	**4,29%**	**7,38%**
Kreditzins gemäß Basel II	2,63%	3,68%	6,35%

Tab. 11: Berechnung Kreditzins Basel III. Quelle: In Anlehnung an Schmeisser, W. [Corporate Finance, 2010], S. 231.

Anhand der Tabelle 11 ist deutlich zu erkennen, dass die Erhöhung des Kreditzinses von Basel II zu Basel III offenkundig aus der Erhöhung der Eigenkapitalkosten resultiert. Für das Unternehmen 1 ergibt sich gemäß Basel III ein risikoadäquater Kreditzins in Höhe von 2,75 Prozent, für Unternehmen 2 in Höhe von 4,29 Prozent und für Unternehmen 3 in Höhe von 7,38 Prozent. Gleichwohl kann konstatiert werden, dass die Differenz des Kreditzinses in Prozentpunkten für die drei Unternehmen exakt in der Differenz der Eigenkapitalkosten in Prozentpunkten (siehe Tabelle 10) widerspiegelt.

5 Schlussbetrachtung und Ausblick

Die vorliegende Buch stellt die neuen Anforderungen an das Kreditgeschäft und damit verbunden an das Risikomanagement der Kreditinstitute vor, wobei das Hauptaugenmerk auf der Beurteilung von Bonitätsrisiken lag und nicht noch die Problematik von Schattenbanken hinzunahm. Nach Basel II haben Kreditinstitute die Möglichkeit, ihre Kreditrisiken differenziert zu erfassen. Dabei können sie die Risiken nach einem einfachen oder nach einem komplexen Ansatz beurteilen. Der einfache Ansatz wird durch den Standardansatz repräsentiert, der innerhalb der einzelnen Forderungsklassen eine differenzierte Risikobetrachtung vornimmt. Somit erhalten Unternehmen einen ihrem Risiko angepassten Risikogewicht und werden nicht einem einheitlichen Risikogewicht unterworfen, so wie es nach Basel I praktiziert wurde. Die Risikogewichtung wird durch das externe Rating bestimmt.

Bei dem komplexen Ansatz hat das Kreditinstitut die Wahl zwischen dem IRB-Basisansatz und dem fortgeschrittenen IRB-Ansatz. Bei beiden Ansätzen wird das Bonitätsrisiko eines Kreditnehmers selbst bestimmt. Dabei stehen nicht das externe Rating von anerkannten Ratingagenturen, sondern institutseigene Ratingsysteme im Mittelpunkt. Der Unterschied der IRB-Ansätze liegt in der Bestimmung weiterer Parameter, die zur Berechnung der Eigenkapitalunterlegung notwendig sind. Bei dem IRB-Standardansatz werden die drei Parameter – Verlustquote bei Ausfall, Forderungsvolumen bei Ausfall und die Restlaufzeit – aufsichtsrechtlich vorgegeben, wohingegen diese Parameter bei der Verwendung des fortgeschrittenen IRB-Ansatzes institutsindividuell geschätzt werden. Somit kann konstatiert werden, dass die Eigenkapitalunterlegung der Kreditinstitute nach Basel II stärker von der Bonität des Kreditnehmers abhängt.

Des Weiteren wurden die traditionelle Bonitätsanalyse, die Diskriminanzanalyse, das Expertensystem und die neuronalen Netze auf ihre Eignung zur Berechnung einer risikoangepassten Kreditkondition untersucht. Zugleich wurden die spezifischen Vor- und Nachteile herausgearbeitet und anschließend festgestellt, dass keines dieser Verfahren alleine für die Zuordnung risikoadäquater Kreditkonditionen geeignet ist.

Im Anschluss wurde das Rating vorgestellt. Dabei wurde erkannt, dass ein Ratingsystem die Anforderungen zur Berechnung risikoangepasster Kreditkonditionen erfüllt und dahinter ein oder mehrere der im Vorfeld beschrieben Verfahren stehen und gegebenenfalls miteinander kombiniert werden. Damit entsteht ein aussagekräftiges Bonitätsanalyseinstrument. Eine abschließende Kalibrierung der einzelnen Ratingklassen auf Ausfallwahrscheinlichkeiten stellt die Grundlage für eine risikoadäquate Kreditkondition dar.

Nachdem die Grundlage für die Kalkulation des Risikos im Kreditzins gelegt wurde, erfolgte eine Betrachtung der Bestandteile des Kreditzinssatzes. Ferner wurde die Notwendigkeit einer risikoadäquaten Kreditkondition erörtert. Die Refinanzierungs- und Betriebskosten sind von der Bonität des Kreditnehmers unabhängig und somit relativ einfach zu ermitteln.

Im Gegensatz dazu werden die Standard-Risikokosten und die Eigenkapitalkosten durch das Kreditrisiko bestimmt. Anhand des selbst gewählten Beispiels wurde deutlich, dass es eine Korrelation zwischen dem Rating und dem Zinssatz gibt. Je schlechter das Rating eines Kreditnehmers, desto höher ist der Zinssatz. Insofern ist die Bonität offenkundig ausschlaggebend für die Kreditkondition.

Somit können die Unternehmen den Preis ihres Kredites durch die eigene Bonität beeinflussen und die Kreditinstitute erhalten eine angemessene Vergütung der eingegangenen

Risiken, welche sich nach objektiven Ratingkriterien richten. Außerdem führen risikoadäquate Kreditkonditionen zu geringeren Verlusten aus Kreditausfällen und aus regulatorischer Sicht wird eine differenziertere Eigenkapitalunterlegung des Kreditrisikos erreicht.

Nachfolgend wurden die einzelnen Komponenten des Kreditzinses Schritt für Schritt erläutert und ermittelt. Nach der Kalkulation des Risikos im Kreditzins gemäß Basel II stellte sich nun die Frage, ob die Einführung des Basel III-Rahmenwerkes eine Auswirkung auf die Kalkulation des Kreditzinses hat. Die Einführung des Basel-III-Rahmenwerkes bringt nicht nur eine Erhöhung der Qualität, sondern auch eine Erhöhung der Quantität der Eigenkapitalbasis der Kreditinstitute mit sich. Anhand der Gegenüberstellung des berechneten Kreditzinses nach Basel II und III kann festgehalten werden, dass die Erhöhung des Kreditzinses von Basel II zu Basel III offenkundig aus der Erhöhung der Eigenkapitalkosten resultiert und somit die Kreditzinsen für Unternehmenskredite und damit auch deren Fremdkapitalkosten steigen.

Die Erhöhung der Eigenkapitalkosten im Kreditzins wird eine direkte Auswirkung von Basel III sein. Es ist aber auch durchaus denkbar, dass die Betriebskosten als indirekte Auswirkung von Basel III erhöht werden, da die Kreditinstitute neue IT-Prozesse implementieren müssen und erhebliche geschäftsstrukturelle Anforderungen vorgenommen werden, um die erhöhten Eigenkapitalanforderungen erfüllen zu können[188].

Der Grund zur schrittweisen Einführung von Basel III soll der präventiven Verringerung der Wahrscheinlichkeit und des Ausmaßes erneuter Finanz- und Wirtschaftskrisen die-

[188] Vgl. Maier, S. [Basel III, 2011], S. 6.

nen. Um dieses nachhaltige Ziel der Finanzstabilität zu gewährleisten, werden die Kreditinstitute gezwungen, zukünftig mehr und qualitativ besseres Eigenkapital vorzuhalten. Folglich haben die Banken höhere Eigenkapitalkosten und somit verteuert sich die Kreditvergabe. Für die Unternehmen ist es daher ratsam, zu allen Bankengruppen eine Geschäftsverbindung zu halten. Somit kann vermieden werden, dass ein Eigenkapitalproblem der Hausbank zum Finanzierungsproblem wird. Insgesamt gesehen wird die langfristige Finanzierung durch die Einführung von Basel III für Unternehmen schwieriger und teurer. Eine Überprüfung der Alternativen zu einer Bankfinanzierung wird aus Unternehmenssicht unausweichlich[189].

Nicht nur für Kreditinstitute bedeutet Basel III eine erhebliche Veränderung der Unternehmensfinanzierung, sondern auch für Kunden. Alternativen zu den klassischen Finanzierungen, wie das Leasing, gewinnen an Bedeutung. Die Rolle der Banken steht vor einem Paradigmenwechsel. Die Beratung und das reine Provisionsgeschäft gewinnen an Bedeutung. Diese im Vorfeld skizzierten Veränderungen werden schrittweise vollzogen, so dass sowohl den Banken als auch den Unternehmen ausreichend Zeit für eine entsprechende Anpassung der neuen Gegebenheiten bleibt[190]. „Ein *Big Bang,* nachdem alles anders ist, findet nicht statt“.[191]

Allerdings ist kritisch anzumerken, dass die immer stärkere Regulierung der regulären Kreditwirtschaft große Anreize schafft, sich genau diesem Regime zu entziehen. Denn es ist zu beobachten, dass Banken und Fonds ihre Risiken zuneh-

---

189 Vgl. Everling, O. [Basel III, 2013], S. 23.

190 Vgl. ebd., S. 43.

191 Ebd., S.43.

mend in Schattenbanken[192] verlagern und somit das systematische Risiko[193] erhöhen[194].

Somit wären weitere Regulierungsversuche der regulären Kreditwirtschaft nicht effizient. Perspektivisch wäre es ratsam ein neues Regelwerk einzuführen, das die Schattenbanken reguliert.

Es zeigt aber auch, dass mit betriebswirtschaftlichen Stresstests von systemrelevanten Banken besser Probleme auf Finanzmärkten vorausgesagt werden können als mit volkswirtschaftlichen ökonometrischen Prognosen. Banken und deren Bilanzen bilden Ansatzpunkte, Finanz- und Bankenkrisen in den Griff zu bekommen, die Volkswirtschaft hat dazu wenig zu bieten.

---

192 Darunter sind Finanzhäuser wie Hedge-Fonds, Private-Equity-Fonds oder Zweckgesellschaften zu verstehen, die keine Banklizenz haben und keiner Regulierung unterliegen

193 Ist ein Risiko, das die Funktion oder das Fortbestehen eines ganzen Systems beeinträchtigen kann.

194 Vgl. Paul, S./Stein, S. [Finanzkommunikation, 2013], S. 66.

Anhang

Daten und Berechnungen

A 1 Berechnung der Refinanzierungskosten

Die Refinanzierungskosten werden aus den Zinssätzen des Zwölf-Monats-Euribor abgeleitet. Euribor ist eine Abkürzung und steht für Euro Interbank Offered Rate und stellt den Referenzzinssatz für Interbankengeschäfte dar. Zur Ermittlung der Euribor-Sätze melden Banken täglich Briefsätze für Ein-Zwölf-Monatsgelder im Interbankengeschäft an einen Informationsanbieter. Dieser errechnet und veröffentlicht geschäftstäglich die Durchschnittssätze, wobei 15 Prozent der höchsten und 15 Prozent der niedrigsten Sätze gestrichen wurden.

Zur Ermittlung der Refinanzierungskosten werden die Zwölf-Monats-Euribor-Zinssätze der letzten zehn Jahre zu den jeweiligen Stichtagen 01.01. und 01.06. eines jeden Jahres herangezogen. Daraus wird der Durchschnitt berechnet und zur einfacheren Handhabung abgerundet.

Stichtag	Zwölf-Monats-Euribor in %
01.06.2014	0,569
01.01.2014	0,555
01.06.2013	0,478
01.01.2013	0,543
01.06.2012	1,228
01.01.2012	1,937
01.06.2011	2,137
01.01.2011	1,504
01.06.2010	1,262

01.01.2010	1,251
01.06.2009	1,626
01.01.2009	3,025
01.06.2008	5,097
01.01.2008	4,733
01.06.2007	4,466
01.01.2007	4,03
01.06.2006	3,369
01.01.2006	2,855
01.06.2005	2,14
01.01.2005	2,343
Durchschnitt	2,2574
ger. Durchschnitt	2,00

Tab. 12: Berechnung Refinanzierungssatz
Quelle: Entnommen aus Euribor-rates.eu, eigene Berechnungen.

Der Refinanzierungssatz beträgt somit für die Beispielrechnungen abgerundete *2,00 Prozent.*

A 2 Überleitung der Ratingklassen

S & P	Rating-note	Ausfall-wahrschein-lichkeit im 1. Jahr in %	S&P	Rating-note	Ausfall-wahrschein-lichkeit im 1. Jahr in %
AAA bis AA+	0a	0,01	B+	3a	4,00
AA	0b	0,02	B	3b	6,00
AA-	0c	0,03	B-	3c	9,00
A+	0d	0,04	CCC+ - CC	3d	13,50
A	0e	0,05		3e	20,00
A	1a	0,07	C - D	4a	Ausfall-stufen
A-	1b	0,10		4b	Ausfall-stufen
BBB+	1c	0,15		4c	Ausfall-stufen
BBB	1d	0,23		4d	Ausfall-stufen
BBB - BBB-	1e	0,35		4e	Ausfall-stufen
BB+	2a	0,50			
BB+	2b	0,75			
BB	2c	1,10			
BB - BB-	2d	1,70			
B+	2e	2,60			

Tab. 13: Überleitung der Ratingklassen von Standard & Poor's zu den Ratingklassen der Volks- und Raiffeisenbanken.
Quelle: In Anlehnung an Creditreform [Externe und interne Ratings, 2012], S. 6.

A 3 Berechnung der Risikogewichtung

Berechnungsformeln:

$$RW(PD, LGD, M) = 12{,}5 \times \left[LGD \times N\left(\frac{G(PD)+\sqrt{R}(PD) \times G(0{,}999)}{\sqrt{1-R}(PD)}\right) - PD \times LGD\right] \times \frac{1+(M-2{,}5)\times b(PD)}{1-1{,}5\times b(PD)}$$

mit: $$R(PD) = 0{,}12 \times \left(\frac{1-e^{-50\times PD}}{1-e^{-50}}\right) + 0{,}24 \times \left(1 - \frac{1-e^{-50\times PD}}{1-e^{-50}}\right)$$

$$b(PD) = (0{,}11852 - 0{,}05478 \times \ln(PD))^2$$

Datengrundlage:

Unternehmen	1	2	3
S & P – Rating	AAA	BB	B
Kreditbetrag	500.000,00 €	500.000,00 €	500.000,00 €
VR - Rating	0a	2c	3b
PD	0,03%	1,10%	6,00%
EAD	500.000,00 €	500.000,00 €	500.000,00 €
LGD	45%	45%	45%
M	2,5 Jahre	2,5 Jahre	2,5 Jahre

Tab. 14: Datengrundlage Risikogewichtung

Unternehmen 1

$$b(PD) = (0{,}11852 - 0{,}05478 \times \ln(0{,}0003))^2 = 0{,}388207$$

$$R(PD) = 0{,}12 \times \left(\frac{1 - e^{-50\times 0{,}0003}}{1 - e^{-50}}\right) + 0{,}24 \times \left(1 - \frac{1 - e^{-50\times 0{,}0003}}{1 - e^{-50}}\right) = 0{,}238213$$

$$RW(PD, LGD, M) = 12{,}5 \times \left[0{,}45 \times N\left(\frac{G(0{,}0001) + \sqrt{0{,}238213} \times G(0{,}999)}{\sqrt{1 - 0{,}238213}}\right) - 0{,}0001 \times 0{,}45\right] \times \frac{1 + (2{,}5 - 2{,}5) \times 0{,}388207}{1 - 1{,}5 \times 0{,}388207}$$

$= \underline{0{,}1815}$

Unternehmen 2

$$b(PD) = (0{,}11852 - 0{,}05478 \times \ln(0{,}011))^2 = 0{,}133641$$

$$R(PD) = 0{,}12 \times \left(\frac{1 - e^{-50\times 0{,}011}}{1 - e^{-50}}\right) + 0{,}24 \times \left(1 - \frac{1 - e^{-50\times 0{,}011}}{1 - e^{-50}}\right) = 0{,}189234$$

$$RW(PD, LGD, M) = 12{,}5 \times \left[0{,}45 \times N\left(\frac{G(0{,}011) + \sqrt{0{,}189234} \times G(0{,}999)}{\sqrt{1 - 0{,}189234}}\right) - 0{,}011 \times 0{,}45\right] \times \frac{1 + (2{,}5 - 2{,}5) \times 0{,}133641}{1 - 1{,}5 \times 0{,}133641}$$

$= \underline{0{,}9547}$

Unternehmen 3

$$b(PD) = (0{,}11852 - 0{,}05478 \times \ln(0{,}06))^2 = 0{,}0743318$$

$$R(PD) = 0{,}12 \times \left(\frac{1 - e^{-50\times 0{,}06}}{1 - e^{-50}}\right) + 0{,}24 \times \left(1 - \frac{1 - e^{-50\times 0{,}06}}{1 - e^{-50}}\right) = 0{,}125974$$

$$RW(PD, LGD, M) = 12{,}5 \times \left[0{,}45 \times N\left(\frac{G(0{,}06) + \sqrt{0{,}125974} \times G(0{,}999)}{\sqrt{1 - 0{,}125974}}\right) - 0{,}06 \times 0{,}45\right] \times \frac{1 + (2{,}5 - 2{,}5) \times 0{,}0743318}{1 - 1{,}5 \times 0{,}0743318}$$

$$= \underline{1{,}5961}$$

Glossar

Ausfallwahrscheinlichkeit

Die Auswahlwahrscheinlichkeit gibt das Risiko des Ausfalls eines Kredites innerhalb eines festgelegten Zeitraumes wieder.

Berechnung des erwartcten Verlustes

Erwarteter Verlust (Expected Loss - EL) = Ausfallwahrscheinlichkeit (Probability of Default - PD) × Kreditvolumen bei Ausfall (Exposure at Default - EAD) × Verlustquote (Loss given Default - LGD)

Betriebskosten

Die Betriebskosten enthalten alle administrativen Kosten, von der Bonitätsermittlung über die Kreditvergabe bis hin zur Kreditbeendigung und Verwaltung von Kreditsicherheiten.

Bonitätsprüfung

siehe Kreditwürdigkeit

Differenzierungsebenen

Gesamtkreditgeschäft, Segmentkreditgeschäft, Ratingstufen, Einzelkunden, Genauigkeit

Eigenkapitalkosten

Die problematischste Kreditkomponente sind die Eigenkapitalkosten. Weicht der Kreditausfall vom erwarteten Verlust im Insolvenzfall ab, dann stellt dieser unerwartete Verlust das eigentliche Risiko.

Exposure at Default

Kreditvolumen bei Ausfall

Fortgeschrittener IRB-Ansatz

Kreditinstitut verwendet einen eigenen Ratingansatz und muss sämtliche Risikofaktoren schätzen.

IRB-Basisansatz

Kreditinstitut verwendet den einfachen Ratingansatz und muss nur die Ausfallwahrscheinlichkeit z.B. von Unternehmen schätzen.

Kosten bei der Kreditkalkulation

Refinanzierungskosten, Betriebskosten/Verwaltungskosten, Standardrisikokosten, Eigenkapitalkosten

Kreditwürdigkeit

Kreditwürdigkeit ist gegeben, wenn Kreditgewährung unter persönlichen, rechtlichen und wirtschaftlichen Gesichtspunkten vertretbar erscheint. Kreditwürdigkeitsprüfung stehht auch für Bonitätsprüfung.

Loss Given Default

Verlustquote

Rating

Ein Rating ist ein Beurteilung eines Unternehmens bezüglich der künftigen wirtschaftlichen Fähigkeit und rechtlichen Bindung zur termingerechten Erfüllung von Zins- und Tilgungsverpflichtungen, die aus einem Kreditvertrag sich ergeben.

Standardansatz

Unter Standardansatz versteht man ein externes Rating von Standard& Poor's, Fitch oder Moody's. Ein interner Ansatz eines Kreditinstituts ist nicht notwendig.

Abkürzungsverzeichnis

Abb.	Abbildung
Abs.	Absatz
CAPM	Capital Asset Pricing Model
CVaR	Credit Value at Risk
ebd.	ebenda
Euribor	Euro Interbank Offered Rate
Hrsg.	Herausgeber
IRB	Internal Ratings-Based Approach (Interner Ratingansatz)
i.w.S.	im weiteren Sinn
Jg.	Jahrgang
KapCoRiLiG	Gesetz zur Durchführung der Richtlinie des Rates der Europäischen Union zur Änderung der Bilanz- und der Konzernbilanzrichtlinie hinsichtlich ihres Anwendungsbereichs (90/605/EWG)
KI	Kreditinstitut
KMU	kleine und mittlere Unternehmen
KSA	Kreditrisiko-Standardansatz
KWG	Kreditwesengesetz
MaK	Mindestanforderungen an das Kreditgeschäft
MaRisk	Mindestanforderungen an das Risikomanagement
RR	Recovery Rate
S & P	Standard & Poor's

SolvV	Verordnung über die angemessene Eigenmittelausstattung von Instituten, Institutsgruppen und Finanzholding-Gruppen
Tab.	Tabelle
Tz.	Textziffer
VaR	Value at Risk

Abbildungsverzeichnis

Tabellenverzeichnis

Literaturverzeichnis

Baseler Ausschuss für Bankenaufsicht [Basel III, 2010a]: Basel III: Ein globaler Regulierungsrahmen für widerstandsfähigere Banken und Banksysteme, Dezember 2010, Basel: Bank für Internationalen Zahlungsausgleich (Hrsg.) URL: <https://www.bundesbank.de/Redaktion/DE/Downloads/Aufgaben/Bankenaufsicht/Basel/basel3_pressemitteilung_biz_2011_03.pdf?__blob=publicationFile>, 09.11.2014

Baseler Ausschuss für Bankenaufsicht (Hrsg.) [Eigenkapitalmessung und Eigenkapitalanforderungen, 2004]: Basel II. Internationale Konvergenz der Eigenkapitalmessung und Eigenkapitalanforderungen. Überarbeitete Rahmenvereinbarung. Umfassende Version, Basel, Juni 2006 URL:< http://www.bis.org/publ/bcbs128ger.pdf>08.11.2014

Baseler Ausschuss für Bankenaufsicht (Hrsg.) [Eigenkapitalvereinbarung, 2003]: Die neue Baseler Eigenkapitalvereinbarung – Konsultationspapier, (Übersetzung der Deutschen Bundesbank), Basel: 2003 URL: <http://www.pfandbrief.de/cms/_internet.nsf/0/555B8216020C45A4C12578F00031FCF9/$FILE/konsultationspapier_042003.pdf> 09.11.2014

Baseler Ausschuss für Bankenaufsicht (Hrsg.) [Eigenkapitalvereinbarung, 2001]: Die neue Baseler Eigenkapitalvereinbarung – Konsultationspapier, (Übersetzung der Deutschen Bundesbank), Basel: 2001 URL: < http://www.bundesbank.de/Redaktion/DE/Downloads/Presse/Pressenotizen/2001/2001_01_16_basler_eigenkapitalvereinbarung.pdf?__blob=publicationFile>22.11.2014

Baseler Ausschuss für Bankenaufsicht [1988]: Internationale Konvergenz der Eigenkapitalmessung und Eigenkapitalanforderungen, Juli 1988, aktualisiert bis April 1998, Bank für Internationalen Zahlungsausgleich (Hrsg.) URL: <http://www.bis.org/publ/bcbsc111de.pdf>14.11.2014

Becker, Hans Paul/Peppmeier, Arno [Bankbetriebslehre, 2011]: Bankbetriebslehre, 8. aktualisierte Auflage, Herne: Kiehl Verlag

Creditreform (Hrsg.) [Externe und interne Ratings, 2012]: Finanzkommunikation und Erfolgsfaktoren eines guten Ratings
URL: <http://www.creditreform.de/website/Dortmund/Advanced/Downloads/Eigene_Downloads/Bankengespraech_Creditreform_RatingAG.pdf> 01.12.2014

Deutsche Bundesbank [Monatsbericht 09/2004]: Die Bonitätsanalyse von Wirtschaftsunternehmen durch die Deutsche Bundesbank, Monatsbericht September 2004, S. 62
URL: <http://www.bundesbank.de/Redaktion/DE/Downloads/Veroeffentlichungen/Monatsberichtsaufsaetze/2004/2004_09_bonitaetsanalyse.pdf?__blob=publicationFile> 22.11.2014

Deutsche Bundesbank [Monatsbericht, 2004]: Neue Eigenkapitalanforderungen für Kreditinstitute (Basel II), Monatsbericht September 2004, S. 75–100
URL: http://www.bundesbank.de/Redaktion/DE/Downloads/Veroeffentlichungen/Monatsberichtsaufsaetze/2004/2004_09_eigenkapitalanforderungen.pdf?__blob=publicationFile> 07.11.2014

Deutsche Bundesbank [Basel III, 2011]: Basel III – Leitfaden zu den neuen Eigenkapital- und Liquiditätsregeln für Banken, URL: <http://www.bundesbank.de/Redaktion/DE/Downloads/Veroeffentlichungen/Buch_Broschuere_Flyer/bankenaufsicht_basel3_leitfaden.pdf?__blob=publicationFile> 10.11.2014

Deutsche Bundesbank [Zinserträge, 2014]: Zinserträge der Banken in Deutschland in den Jahren 1999 bis 2013 (in Milliarden Euro)
URL: < http://de.statista.com/statistik/daten/studie/7057/umfrage/zinsertraege-deutscher-kreditinstitute/> 12.12.2014

Diederichs, Marc [Risikomanagement, 2012]: Risikomanagement und Risikocontrolling: Risikocontrolling – ein integrierter Bestandteil einer modernen Risikomanagement-Konzeption. Vahlen, München

Duch, Jan [Risikoberichterstattung, 2006]: Risikoberichterstattung mit Cash-Flow at Risk-Modellen: ökonomische Analyse einer Risikoquantifizierung im Risikobericht. Frankfurt am Main; New York: P. Lang

Eidgenössische Finanzmarktaufsicht Finma (Baseler Ausschuss für Bankenaufsicht, 2014)
URL: <https://www.finma.ch/d/finma/internationales/gremien/basel/Seiten/default.aspx>, Abfrage: 06.11.2014

Eisen, Mathias [Haftung und Regulierung, 2007]: Haftung und Regulierung internationaler Rating-Agenturen. Frankfurt am Main; New York: P. Lang

Everling, Oliver [Bankrisikomanagement, 2008]: Bankrisikomanagement: Mindestanforderungen, Instrumente und Strategien für Banken. Wiesbaden: Gabler

Everling, Oliver [Basel III, 2013]: Basel III: Auswirkungen des neuen Bankenaufsichtsrechts auf den Mittelstand. Köln: Bank-Verlag

Fischer, Olaf [Bankbetriebswirtschaft, 2011] Prüfungstraining zum Bankfachwirt: Allgemeine Bankbetriebswirtschaft Sicher durch die Zwischen- und Abschlussprüfung zum geprüften Bankfachwirt. Wiesbaden: Imprint: Gabler Verlag

Gleißner, Werner/Füser, Karsten [Rating und Finanzierung, 2014], Praxishandbuch Rating und Finanzierung – Strategien für den Mittelstand, 3., überarbeitete und erweiterte Auflage

Grunwald, Egon/Grunwald, Stephan [Bonitätsanalyse, 2008]: Bonitätsanalyse im Firmenkundengeschäft: Handbuch Risikomanagement und Rating. Stuttgart: Schäffer-Poeschel

Guserl, Richard, & Pernsteiner, Helmut [Finanzmanagement, 2011]: Finanzmanagement: Grundlagen – Konzepte – Umsetzung. Wiesbaden: Betriebswirtschaftlicher Verlag Gabler

Hartmann-Wendels, Thomas/Pfingsten, Andreas/Weber, Martin [Bankbetriebslehre, 2000]: Bankbetriebslehre: mit 113 Tabellen. Berlin [u.a.]: Springer

Hull, John [Risikomanagement, 2011]: Risikomanagement Banken, Versicherungen und andere Finanzinstitutionen. München [u.a.]: Pearson Studium

Initiative Finanzstandort Deutschland (Hrsg.) [Rating Broschüre, 2010]: Finanzstandort Deutschland – Rating-Broschüre, URL: <http://www.s-rating-risikosysteme.de/publikationen /artikel/rund-ums-rating.html> 22.11.2014

Keiner, Thomas [Rating, 2001]: Rating für den Mittelstand: wie Unternehmen ihre Bonität unter Beweis stellen und sich günstige Kredite sichern. Frankfurt/Main; New York: Campus-Verlag

Küting, Karlheinz/Weber, Claus-Peter [Bilanzanalyse, 2012]: Die Bilanzanalyse: Beurteilung von Abschlüssen nach HGB und IFRS. Stuttgart: Schäffer-Poeschel

Maier, Steffen [Basel III, 2011]: Der finale Basel-III-Regulierungsvorschlag (Teil II), Auswirkungen von Basel III auf Finanzmärkte, Finanzinstitute und Realwirtschaft, in: Risiko-Manager, Nr. 12 vom 09.06.2011, abgerufen in: WISO-Datenbank,
URL:<https://www.wiso net.de/document?id=RISK__bankv_rm_1112005&src=hitlist>, 10.12.2014

Munsch, Michael/ Weiß, Bernd [Rating, 2001]: RATING – Finanzdienstleistung und Entscheidungshilfe, hrsg. Von Deutscher Industrie- und Handelskammertag, 2. Auflage, Berlin/Bonn, 2001

Nolte, Thomas [Rating-Systeme, 2007]: Rating-Systeme und -Prozesse: Praxis- und Projekterfahrung aus Implementierung und Prüfung; Bearbeitungs- und Prüfungsleitfaden. Heidelberg: Finanz Colloquium

o.V. RISIKO-MANAGER [Risikobewusstsein, 2013]: Risikobewusstsein in der Bevölkerung steigt, in: Risiko-Manager, Nr. 20 vom 04.10.2013, abgerufen in: WISO-Datenbank, URL:<https://www.wiso-net.de/document/RISK__2013 1004bankv_rm_1320003>, 10.12.2014

Paul, Stephan/Stein, Stefan [Finanzkommunikation, 2013]: Finanzkommunikation, Basel III und die Unternehmensfinanzierung. Köln: Bank-Verlag

Prätsch, Joachim/Schikorra, Uwe/Ludwig, Eberhard [Finanzmanagement, 2012]: Finanzmanagement Lehr- und Praxisbuch für Investition, Finanzierung und Finanzcontrolling. Berlin, Heidelberg: Springer Berlin Heidelberg: Imprint: Springer

Reichling, Peter/Bietke, Daniela/Henne, A. [Risikomanagement, 2007]: Praxishandbuch Risikomanagement und Rating: ein Leitfaden. Wiesbaden: Gabler

Rolfes, Bernd [Gesamtbanksteuerung, 2008]: Gesamtbanksteuerung: Risiken ertragsorientiert steuern. Stuttgart: Schäffer-Poeschel

Rolfes, Bernd/Balica, Christian J. [Ausfallrisiken, 2001]: Ausfallrisiken: Quantifizierung, Bepreisung und Steuerung; Beiträge zum zeb/-Workshop. Frankfurt am Main: Knapp

Romeike, Frank/Hager, Peter [Erfolgsfaktor Risiko-Management 3.0, 2013]: Erfolgsfaktor Risiko-Management 3.0 Methoden, Beispiele, Checklisten; Praxishandbuch für Industrie und Handel. Wiesbaden: Springer Gabler

Romeike, Frank [Integriertes Risk Controlling, 2006]: Integriertes Risk Controlling und Risikomanagement im global operierenden Konzern, in: Schierenbeck; Henner: Risk Controlling in der Praxis – Rechtliche Rahmenbedingungen und geschäftspolitische Konzeptionen in Banken, Versicherungen und Industrie, Stuttgart (2006), S. 429–464

Rösler, Peter/Mackenthun, Thomas/Pohl, Rudolf [Handbuch, 2002]: Handbuch Kreditgeschäft. Wiesbaden: Gabler Verlag

Schierenbeck, Henner/Lister, Michael/Kirmße, Stefan [Ertragsorientiertes Bankmanagement, 2008]: Ertragsorientiertes Bankmanagement. Wiesbaden: Gabler

Schierenbeck, Henner/Lister, Michael/Kirmße, Stefan [Ertragsorientiertes Bankmanagement, 2014]: Ertragsorientiertes Bankmanagement. Wiesbaden: Springer Gabler

Schiller, Bettina/Tytko, Dagmar [Risikomanagement, 2001]: Risikomanagement im Kreditgeschäft: Grundlagen, neuere Entwicklungen und Anwendungsbeispiele. Stuttgart: Schäffer-Poeschel.

Schmeisser, Wilhelm [Corporate Finance, 2010]: Corporate Finance und Risk-Management. München: Oldenbourg

Schmeisser, Wilhelm/Eckstein, Peter/Hafner, Ralf/Hannemann, Gerfried/Stengel, Jörg. K.: Handbuch Wertorientiertes Finanzmanagement. UVK-Verlag, München 2015

Schmeisser, Wilhelm/Hannemann, Gerfried/Krimphove, Dieter/Toebe, Marc/Zündorf, Horst: Finanzierung und Investition. UTB basics, München 2012

Schmeisser, Wilhelm/Mauksch, Carola/Schindler, Falko [Finanzwirtschaft, 2005]: Ausgewählte Verfahren zur Analyse und Steuerung von Risiken im Kreditgeschäft: unter Berücksichtigung der neuen Anforderungen Basel II und MaK am praktischen Beispiel aus der Kreditwirtschaft. München [u.a.]: Hampp

Schmeisser, Wilhelm/Mauksch, Carola [Kalkulation des Risikos, 2005]: Kalkulation des Risikos im Kreditzins nach Basel II, in: Finanz Betrieb, Jg. 7, 5/2005, S. 296–310

Schulte, Michael/Horsch, Andreas [Banksteuerung, 2002]: Wertorientierte Banksteuerung II: Risikomanagement. Frankfurt am Main: Bankakademie-Verlag

Schulte, Michael/Horsch, Andreas/Paul, Stephan/Stein, Stefan (2004). Wertorientierte Banksteuerung: Renditemanagement. II, II,. Frankfurt am Main: Frankfurt School-Verlag

Selch, Barbara [Die Entwicklung, 2000]: Die Entwicklung der gesetzlichen Regelungen zum Lagebericht seit dem Aktiengesetz von 1965 bis zum KapCoRiLiG von 2000, in: Die Wirtschaftsprüfung, 53. Jg. (2000), Heft 8, S. 357–367

Steinbrügge, Jens [Optimale Fremdfinanzierung, 2008]: Optimale Fremdfinanzierung nach Basel II. Wiesbaden: Gabler

Stiefl, Jürgen [Risikomanagement, 2010]: Risikomanagement und Existenzsicherung mit Konzepten und Fallstudien zu KMU. München: Oldenbourg

Vazza, Diane/Aurora, Devi/Schneck, Ryan [Annual 2005 Global Corporate Default Study, 2006]: Annual 2005 Global Corporate Default Study and Rating Transitions, Standard & Poor's Company, New York 2006, in: Risiko-Manager.com: Ermittlung risikoadjustierter Kreditzinsen im Kreditgeschäft: URL: http://www.risiko-manager.com/index.php?id=162&tx_ttnews[tt_news]=12340&cHash=87521c3213584360d6a866810353e4c9 > 22.11.2014

Verordnung über die angemessene Eigenmittelausstattung von Instituten, Institutsgruppen und Finanzholding-Gruppen (Solvabilitätsverordnung – SolvV) vom 14. Dezember 2006, als pdf-Datei im Internet abrufbar:
URL: <http://www.bundesbank.de/Redaktion/DE/Downloads/Aufgaben/Bankenaufsicht/Gesetze_Verordnungen_Richtlinien/Solvabilitaet/solvabilitaetsverordnung_2010.pdf?__blob=publicationFile> 03.11.2014

Wolke, Thomas [Risikomanagement, 2008]: Risikomanagement. München [u.a.]: Oldenbourg

Index